GLENCO

Bienvenidos

Writing Activities Workbook and Student Tape Manual

Conrad J. Schmitt
Protase E. Woodford

GLENCOE
McGraw-Hill

New York, New York   Columbus, Ohio   Mission Hills, California   Peoria, Illinois

Send all inquiries to:
GLENCOE/McGraw-Hill
15319 Chatsworth Street
P.O. Box 9609
Mission Hills, CA 91346-9609

ISBN 0-02-646047-5 (Teacher's Annotated Edition, Writing Activities Workbook)
ISBN 0-02-646057-2 (Teacher's Edition, Student Tape Manual)
ISBN 0-02-646046-7 (Student Edition, Writing Activities Workbook and Student Tape Manual)

Printed in the United States of America.

3 4 5 6 7 8 9 BAW 99 98 97 96 95

Writing Activities Workbook and Student Tape Manual

WRITING ACTIVITIES WORKBOOK

CONTENIDO

Nombre ______________________________ Fecha ______________

CAPÍTULO 1

UN AMIGO UNA AMIGA

VOCABULARIO

Palabras 1

A **Un mexicano.** This is Francisco (Paco) Guzmán. The following information about him is wrong. Rewrite the sentences, giving the correct information about Paco.

Paco Guzmán es un muchacho puertorriqueño. Él es de San Juan. Él es bajo. Es moreno. Paco es alumno en una escuela secundaria norteamericana.

____

____

____

____

Nombre ______________________________ Fecha ____________________

B **Una colombiana.** María Bustamente is from Cartagena, Colombia. Complete the sentences by writing what you know about her.

1. María no es ecuatoriana. Ella es ______________.
2. Ella no es de Guayaquil. Es de ______________.
3. María no es baja. Es bastante ______________.
4. Ella no es alumna en un colegio ecuatoriano. Ella es alumna en un ______________ colombiano.

C **Lo contrario.** Match the word in the left column with its opposite in the right column.

1. ______	bajo	**a.**	tímido
2. ______	rubio	**b.**	no
3. ______	divertido	**c.**	antipático
4. ______	simpático	**d.**	moreno
5. ______	sí	**e.**	alto

D **Pablo Smith. ¿Cómo es?** Here is a picture of Pablo Smith. Describe him.

____

____

____

____

____

E **Natalia Casals. ¿Cómo es?** Here is a picture of Natalia Casals. Describe her.

____

____

____

____

____

Nombre ______________________ Fecha ______________

Palabras 2

F **Yo.** Write as much about yourself as you can.

1. Hola. Yo soy ______________________
2. Soy de ______________________
3. Soy ______________________
4. ______________________
5. ______________________

G **Una pregunta.** Complete with a question word.

1. Roberto es de California.
   ¿__________ es de California?
2. Roberto es de California.
   ¿De __________ es Roberto?
3. Roberto es alto y moreno.
   ¿__________ es Roberto?
4. Roberto es americano.
   ¿De __________ nacionalidad es Roberto?
5. Roberto es amigo de Bárbara.
   ¿De __________ es amigo Roberto?

H **Juanita Torres.** This is Juanita Torres.
She is from Guayaquil, Ecuador.
Write four questions about her.

1. ______________________
2. ______________________
3. ______________________
4. ______________________

Nombre ______________________ Fecha ______________

ESTRUCTURA

Los artículos definidos e indefinidos
Formas singulares

A **Pero, ¿quién es?** Complete the cartoon with *el* or *la*.

B **Un instituto educativo.** Complete with *un* or *una*.

1. ______________ instituto es ______________ escuela.
2. ______________ academia es ______________ escuela.
3. ______________ colegio es ______________ escuela también.
4. Roberto es ______________ alumno en ______________ escuela secundaria americana.
5. María es ______________ alumna en ______________ colegio en Cali, Colombia.
6. María es ______________ persona muy sincera.
7. Roberto es ______________ muchacho honesto.

Nombre ______________________________ Fecha ______________

La concordancia de los adjetivos
Formas singulares

C **¿Quién es?** Describe the boy.

____

____

____

D **¿Quién es?** Describe the girl.

____

____

____

____

El presente del verbo ser
Formas singulares

E **Yo.** Answer about yourself.

1. ¿Quién eres?

____

2. ¿De dónde eres?

____

3. ¿De qué nacionalidad eres?

____

4. ¿Dónde eres alumno(a)?

____

5. ¿Cómo eres? ¿Qué tipo de persona eres?

____

6. ¿De quién eres amigo(a)?

____

Nombre ______________________ Fecha ______________

F **Y tú.** This is Gloria. Tell her what you think about her.

1. Gloria, eres ______________________
2. ______________________
3. ______________________
4. ______________________

G **Una tarjeta.** Read the following postcard from Clarita Buñuelos.

H **Clarita.** Write some things Clarita says about herself in her postcard.

____

____

____

I **Yo.** Now write a postcard to Clarita. Tell her all about yourself.

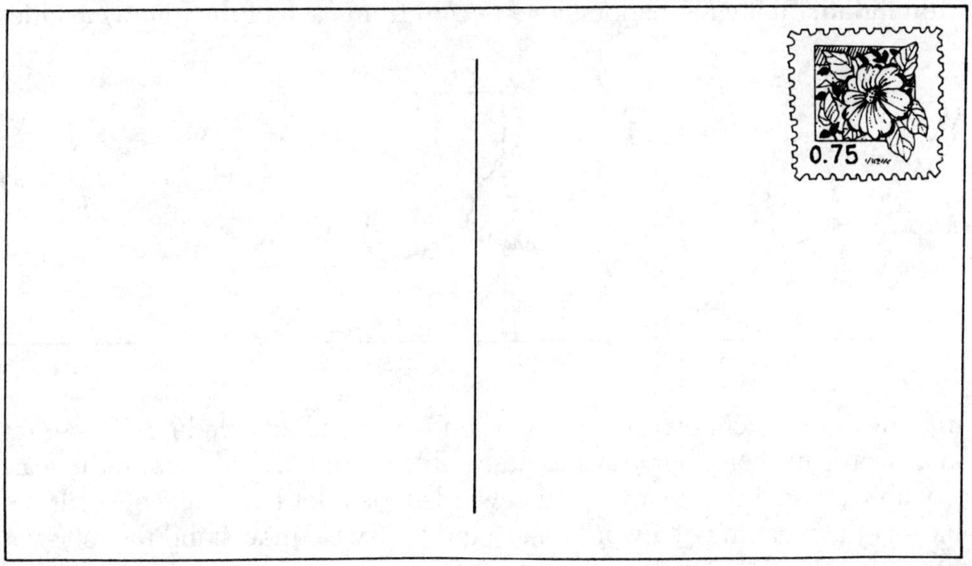

J **¿Quién eres?** A young man has just walked up to you on the street. He thinks he recognizes you, but you are not sure who he is. Complete the conversation you are having with this person.

MUCHACHO: Hola, ¿qué tal?

TÚ: Muy bien, gracias. ¿Y tú?

MUCHACHO: Muy bien, gracias. Tú ____________ (1) ____________ (2) *(your name).*

TÚ: Sí, ____________ (3) ____________ (4) *(your name).*

MUCHACHO: Tú ____________ (5) el/la amigo(a) de Teresa Salas, ¿no?

TÚ: Sí, yo ____________ (6) un(a) amigo(a) de Teresa Salas. Pero, perdón. ¿Quién ____________ (7) tú?

MUCHACHO: Yo ____________ (8) Roberto. Roberto Jones.

TÚ: Ay, sí. Perdón, Roberto. Tú ____________ (9) el amigo norteamericano de Teresa, ¿verdad? Tú ____________ (10) de Miami, ¿no?

MUCHACHO: Sí, yo ____________ (11) de Miami. Tú ____________ (12) de Cali, ¿no?

TÚ: Sí, yo ____________ (13) de Cali y yo ____________ (14) amigo(a) de Teresa también. Ella ____________ (15) muy simpática, ¿no?

MUCHACHO: Sí, es una amiga muy sincera y ____________ (16) muy divertida también.

Nombre ______________________________ Fecha ______________

UN POCO MÁS

A **La nacionalidad.** Tell what nationality a person from each of the following cities is.

1. ______________ 2. ______________ 3. ______________

B **Más informes.** Every chapter in your workbook will include readings. These readings have unfamiliar words in them, but you should be able to understand them rather easily. You have probably noticed that many Spanish words look a lot like English words. So when you do not know the meaning of a word, take a guess. Try to understand the following reading.

Teresa Tamayo es una muchacha mexicana. Ella es de la capital, la Ciudad de México. La Ciudad de México es una ciudad grande, con una población de casi 20 millones de habitantes. Es realmente enorme.

Teresa es alumna en un colegio privado para muchachas en Lomas de Chapultepec. Lomas de Chapultepec es una colonia (una zona, un barrio) elegante de la Ciudad de México. "Tamayo" es un nombre famoso en México. Es el nombre de un pintor (artista), Rufino Tamayo.

C **El nombre Tamayo.** Tell whether each statement is true or false.

1. ______ Teresa Tamayo lives in a city near the capital of her country.
2. ______ She attends a coeducational school.
3. ______ Mexico City is an extremely large city.
4. ______ The name "Tamayo" is quite famous in Mexico.

D **Un nombre famoso.** Explain why the name "Tamayo" is famous in Mexico.

____

____

E **Palabras afines.** Find the Spanish words for the following in the reading selection.

1. population ______________
2. inhabitants ______________
3. enormous ______________
4. section of a city ______________
5. famous ______________

Nombre ______________________________ Fecha ______________________

MI AUTOBIOGRAFÍA

Begin to write your autobiography in Spanish. You will have fun adding to it as you continue with your study of Spanish. To begin, tell who you are and where you are from. Indicate your nationality and tell where you are a student. Also, give a brief description of yourself. What do you look like? How would you describe your personality?

Nombre ______________________________ Fecha ______________

CAPÍTULO 2

¿HERMANOS O AMIGOS?

VOCABULARIO

Palabras 1

A **Lo contrario.** Match the word in the left column with its opposite in the right column.

1. ______	pequeño	**a.**	aburrido
2. ______	inteligente	**b.**	el alumno
3. ______	interesante	**c.**	grande
4. ______	amable	**d.**	difícil
5. ______	fácil	**e.**	estúpido
6. ______	el profesor	**f.**	antipático

B **Una pregunta.** Choose the correct question word.

1. *Ella* es Lupita.
   a. Cómo
   b. De dónde
   c. Quién
2. Lupita es *chilena.*
   a. Cómo
   b. Quién
   c. Qué
3. Ella es *alumna.*
   a. Cómo
   b. Qué
   c. Dónde
4. La profesora es *interesante.*
   a. Cómo
   b. Qué
   c. Dónde
5. Ella es de *Santiago, la capital.*
   a. De dónde
   b. Qué
   c. Quién
6. *Lupita y Teresa* son amigas.
   a. Quién
   b. Quiénes
   c. Cómo
7. Las dos son *muy divertidas.*
   a. Quiénes
   b. Qué
   c. Cómo
8. Los alumnos son *hermanos.*
   a. Quiénes
   b. Qué
   c. Cómo

Nombre ______________________________ Fecha ____________________

Palabras 2

C **¿Qué son?** Complete each sentence with an appropriate word.

1. La biología, la química y la física son ____________________.
2. El inglés, el español, el chino y el ruso son ____________________.
3. El latín es una ____________________ antigua.
4. El francés y el español son ____________________ modernas.
5. La ____________________, la geografía y la sociología son ciencias sociales.
6. La zoología y la botánica son partes de la ____________________.
7. El fútbol, el vólibol y el básquetbol son ____________________.
8. El álgebra, la geometría y la trigonometría son partes de las ____________________.

D **Alumnos, profesores y cursos.** Tell whether each statement is true or false.

1. ______ Los alumnos serios son estudiosos.
2. ______ Los alumnos buenos no son estudiosos.
3. ______ Los profesores interesantes son aburridos.
4. ______ Los profesores aburridos son buenos.
5. ______ Los profesores simpáticos son populares con los alumnos.
6. ______ Los cursos interesantes son populares con los alumnos.
7. ______ Los cursos difíciles y aburridos son populares con los alumnos.

E **Los cursos.** Write the names of all the courses you are taking this year.

____

____

____

F **¿Cómo son los cursos?** Rate your courses using the following words.

difícil **fácil** **aburrido** **interesante** **divertido**

____

____

____

____

Nombre ______________________ Fecha ______________

ESTRUCTURA

Los sustantivos, artículos y adjetivos
Formas plurales

A **Son Maripaz y Linda.** Maripaz and Linda are from Bogotá. Write four sentences about them.

1. ______________________
2. ______________________
3. ______________________
4. ______________________

B **Son Tomás y Felipe.** Tomás and Felipe are from Bogotá. Write four sentences about them.

1. ______________________
2. ______________________
3. ______________________
4. ______________________

C **El plural, por favor.** Rewrite each sentence in the plural.

1. El muchacho es inteligente y serio.

____

2. La muchacha es inteligente y divertida.

____

3. El muchacho es el hermano de Inés.

____

4. El curso interesante es popular.

____

5. El profesor inteligente es interesante.

____

6. La clase es grande.

____

7. El curso es interesante pero bastante difícil.

____

El presente del verbo ser
Formas plurales

D **Una carta.** Complete the following letter in which you talk about yourself and your brother. Pretend your brother is Carlos.

Carlos y yo ______________ hermanos.
Nosotros ______________ americanos.
______________ alumnos en una
escuela secundaria. ______________
alumnos en la Escuela ______________.

Nombre ______________________________ Fecha ____________________

E **Amigos nuevos.** You have just met two new friends, Anita and Manolo. Ask them if they are the following.

1. hermanos

____

2. amigos

____

3. alumnos

____

4. mexicanos

____

F **El hermano de Ángela.** Complete the conversation.

Nombre ______________________ Fecha ______________

La hora

G **¿Qué hora es?** Write sentences telling the time on each of the clocks.

1. ______________________________

2. ______________________________

3. ______________________________

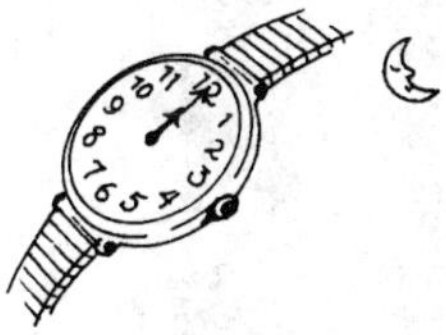

4. ______________________________

5. ______________________________

6. ______________________________

7. ______________________________

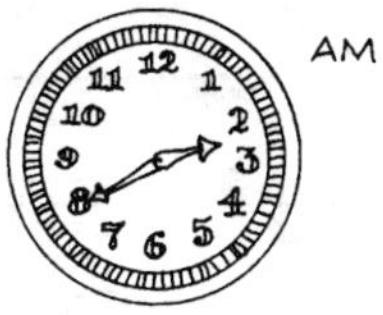

8. ______________________________

Nombre ____________________ Fecha ____________

UN POCO MÁS

A **El zodíaco.** Read the characteristics for each sign of the zodiac.

HORÓSCOPO

Capricornio
22 diciembre–19 enero
eficiente, perseverante

Acuario
20 enero–18 febrero
sereno, ingenioso

Piscis
19 febrero–20 marzo
imaginativo, creativo

Aries
21 marzo–19 abril
aventurero, valiente

Tauro
20 abril–20 mayo
persistente, práctico

Géminis
21 mayo–21 junio
generoso, diligente

Cáncer
22 junio–22 julio
simpático, leal

Leo
23 julio–22 agosto
liberal, riguroso

Virgo
23 agosto–22 septiembre
lógico, sistemático

Libra
24 septiembre–23 octubre
artístico, sensitivo

Escorpión
24 octubre–21 noviembre
social, elocuente

Sagitario
22 noviembre–21 diciembre
independiente, bueno

B **Los amigos.** Name some friends and complete.

1. El signo de ____________ es ____________. Él/Ella es muy ____________.
2. El signo de ____________ y ____________ es ____________. Ellos / Ellas son muy ____________.

C **El zodíaco.** Give your zodiac sign and describe yourself. Give as many characteristics of yourself as you can.

____

____

____

D **Un poco de geografía.** Read the following. Take an educated guess at words you do not know.

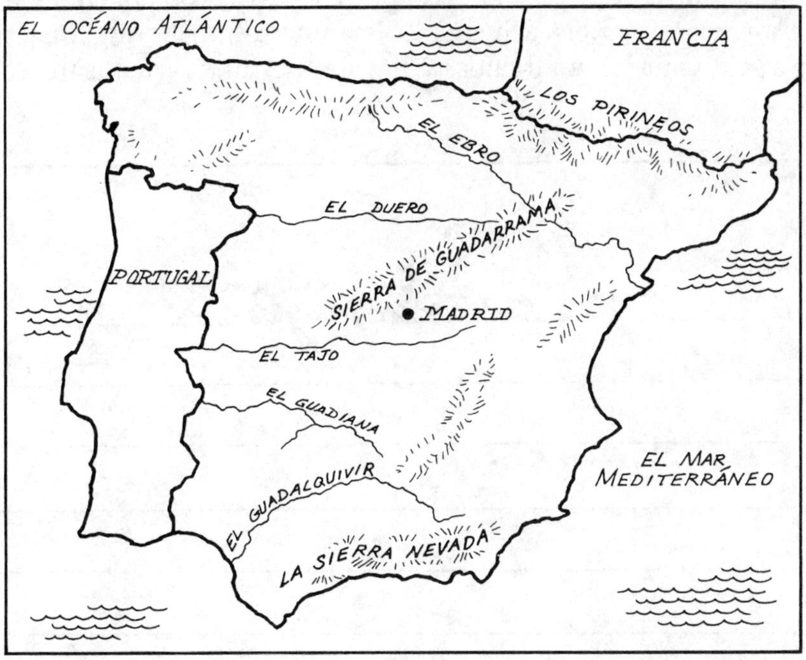

España es un país. La capital de España es Madrid. Madrid es una ciudad muy bonita. Los Pirineos forman la frontera entre España y Francia. Otras montañas de España son la Sierra de Guadarrama y la Sierra Nevada.

Los ríos importantes de España son el Duero, el Guadalquivir, el Guadiana, el Tajo y el Ebro.

E **Las fronteras.** Look at the map in Exercise D. Then circle the names of the places that border on Spain.

Italia	los Pirineos
Francia	el mar Caribe
Grecia	el océano Atlántico
Portugal	el océano Pacífico
los Andes	el mar Mediterráneo

F **La geografía de los Estados Unidos.** Tell what each of the following is.

1. el Misisipí ______________
2. el Pacífico ______________
3. las Rocosas ______________
4. Wáshington, D.C. ______________

Nombre ______________________ Fecha ______________

MI AUTOBIOGRAFÍA

Continue with your autobiography. Write a list of the courses you are taking now. Tell who the teacher of each course is. Describe each course. Is it interesting, boring, easy, or difficult? Then tell something about your school friends. What are they like? What is their nationality?

Nombre ______________________ Fecha ______________________

CAPÍTULO 3

EN LA ESCUELA

VOCABULARIO

Palabras 1

A **¿Qué es?** Write the name of each item.

1. ______________________ 2. ______________________ 3. ______________________

4. ______________________ 5. ______________________

Nombre ____________________ Fecha ____________________

B **En la escuela.** Answer the questions according to the illustrations.

1. ¿A qué hora llega José a la escuela?

____

____

¿Cómo llega?

____

____

2. ¿Con quién habla la alumna?

____

____

¿Dónde habla con la profesora?

____

____

3. ¿Qué lleva la muchacha?

____

____

¿En qué lleva los libros?

____

____

Palabras 2

C **¿El alumno o el profesor?** Complete each sentence with the appropriate word(s).

1. En una escuela americana "A" es una nota ____________ y "F" es una nota ____________.
2. El profesor ____________; el alumno ____________ la pizarra.
3. El alumno ____________ un examen y ____________ una nota buena en el ____________.
4. El alumno ____________ la lección en el libro (manual) escolar.
5. El profesor habla y el alumno toma ____________ en un ____________.

Nombre ______________________________ Fecha ______________

D **Palabras derivadas.** Many of the verbs you have learned have related nouns. Match each verb in the left column with the corresponding noun in the right column.

1. ______	entrar	a.	la toma
2. ______	llegar	b.	el examen
3. ______	tomar	c.	la entrada
4. ______	estudiar	d.	la mirada
5. ______	examinar	e.	el estudio
6. ______	enseñar	f.	la llegada
7. ______	mirar	g.	la enseñanza

E **Un sinónimo.** Match the word in the left column with a word or expression that means the same in the right column.

1. ______	la nota	a.	el pizarrón
2. ______	el cuaderno	b.	el carro
3. ______	la pizarra	c.	la libreta, el bloc
4. ______	el libro de texto	d.	la calificación
5. ______	el coche	e.	no privado
6. ______	público	f.	el libro escolar
7. ______	la asignatura	g.	aproximadamente
8. ______	a eso de	h.	el curso

F **La escuela y los cursos.** Tell whether each statement is true or false.

1. ______ Un curso aburrido es también interesante.
2. ______ Es fácil sacar notas buenas o altas en un curso muy difícil.
3. ______ En una escuela elemental o primaria, el maestro o la maestra enseña muchos cursos.
4. ______ En una escuela secundaria o superior, el profesor enseña uno o dos cursos.
5. ______ El alumno que estudia mucho es el alumno que saca notas malas o bajas.
6. ______ El alumno toma apuntes en una pizarra.
7. ______ El alumno lleva los libros en una mochila.
8. ______ El profesor toma un examen.
9. ______ El alumno de biología usa un microscopio en el laboratorio.

Nombre ______________________________ Fecha ____________________

ESTRUCTURA

El presente de los verbos en **–ar**
Formas singulares

A **Preguntas personales.** Give your own answers.

1. ¿Qué lengua hablas en la clase de español?

____

2. ¿Qué lengua hablas en casa?

____

3. ¿A qué hora llegas a la escuela?

____

4. ¿Cómo llegas a la escuela?

____

5. ¿Cuántos cursos tomas en un semestre?

____

6. ¿Qué notas sacas?

____

7. ¿Estudias mucho?

____

8. ¿Miras la pizarra?

____

B **El profesor y yo.** Complete each sentence with the appropriate word(s).

1. El profesor ____________ y yo ____________ apuntes en el cuaderno.
2. Yo ____________ la lección y el profesor ____________ o presenta la lección.
3. Yo no ____________ uniforme a la escuela y el profesor no ____________ uniforme.
4. Yo ____________ los libros escolares en una mochila.
5. Yo ____________ a la escuela a las ocho pero el profesor ____________ a eso de las siete y media.

C **Una carta.** Write a letter to a new pen pal in a Spanish-speaking country. In the first paragraph, tell: *quién eres, de dónde eres, de qué nacionalidad eres, cómo eres, dónde eres alumno.* In the second paragraph, tell: *en qué escuela estudias, a qué hora llegas, cómo llegas, quién es el / la profesor(a) de español, cómo es el / la profesor(a), cómo es la clase de español.*

Tú *y* usted

D **Profesor(a).** Make up five questions you want to ask a teacher.

1. ______________________________
2. ______________________________
3. ______________________________
4. ______________________________
5. ______________________________

Nombre ______________________ Fecha ______________

E **Amigo(a).** Make up five questions you want to ask a friend.

1. ______________________
2. ______________________
3. ______________________
4. ______________________
5. ______________________

F **¿Eres tú...? ¿Es Ud....?** Ask questions of the people in the pictures using the cues.

1. señor López/enseñar (el) español

____

2. Elena/estudiar mucho

____

3. Tomás/tomar apuntes

____

4. doña Lucía/hablar alemán

____

Nombre ______________________ Fecha ______________

UN POCO MÁS

A **Las notas.** Look at Elena's report card. Based on her report card, give the following information.

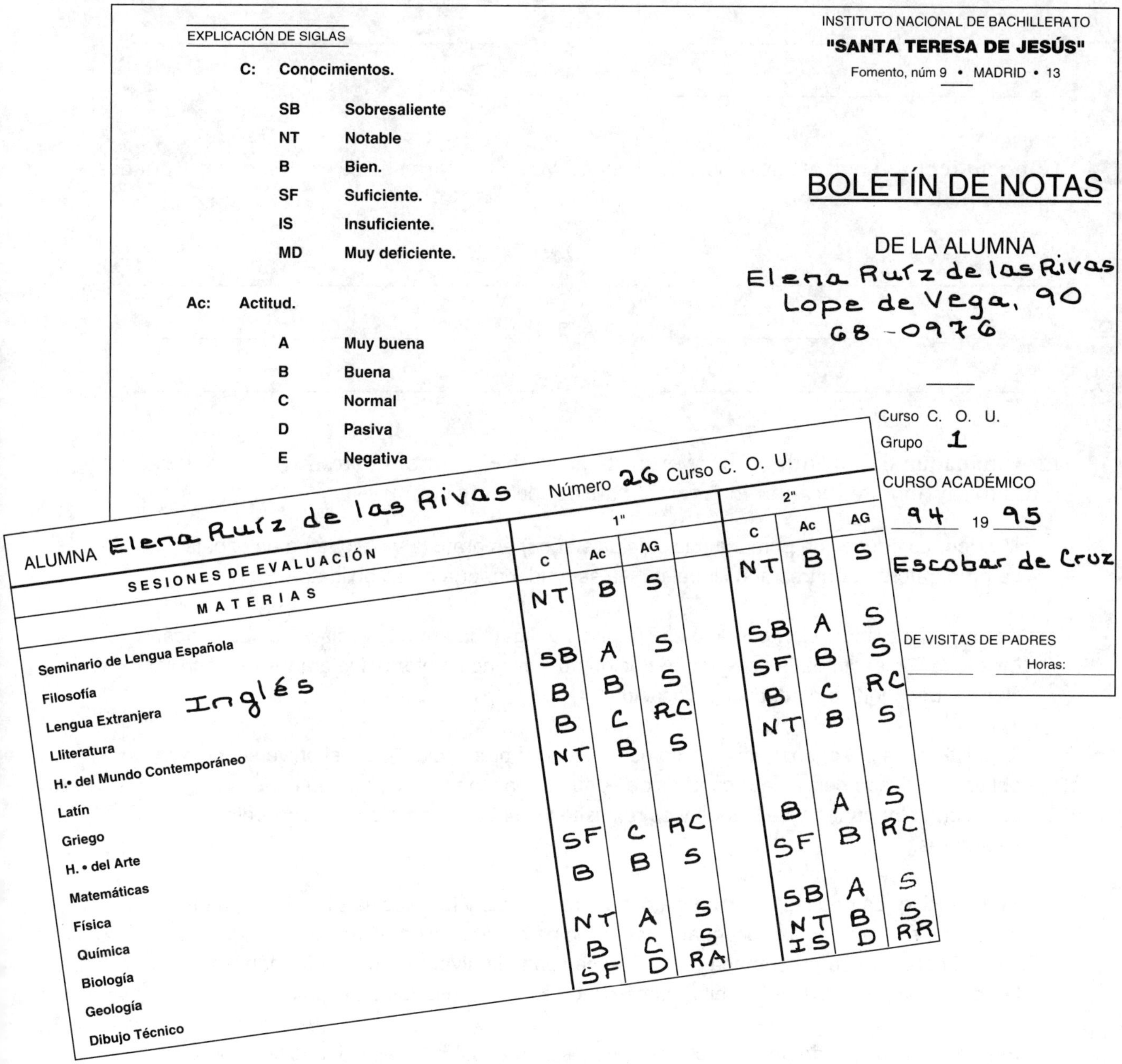

EXPLICACIÓN DE SIGLAS

C: Conocimientos.

- SB Sobresaliente
- NT Notable
- B Bien.
- SF Suficiente.
- IS Insuficiente.
- MD Muy deficiente.

Ac: Actitud.

- A Muy buena
- B Buena
- C Normal
- D Pasiva
- E Negativa

INSTITUTO NACIONAL DE BACHILLERATO
"SANTA TERESA DE JESÚS"
Fomento, núm 9 • MADRID • 13

BOLETÍN DE NOTAS

DE LA ALUMNA
Elena Ruíz de las Rivas
Lope de Vega, 90
68-0976

Curso C. O. U.
Grupo 1
CURSO ACADÉMICO
94 19 95
Escobar de Cruz

DE VISITAS DE PADRES
Horas:

ALUMNA Elena Ruíz de las Rivas Número 26 Curso C. O. U.

SESIONES DE EVALUACIÓN

MATERIAS	1" C	1" Ac	1" AG		2" C	2" Ac	2" AG
Seminario de Lengua Española	NT	B	S		NT	B	S
Filosofía	SB	A	S		SB	A	S
Lengua Extranjera Inglés	B	B	S		SF	B	S
Lliteratura	B	C	RC		B	C	RC
H.ª del Mundo Contemporáneo	NT	B	S		NT	B	S
Latín							
Griego					B	A	S
H.ª del Arte	SF	C	RC		SF	B	RC
Matemáticas	B	B	S				
Física					SB	A	S
Química	NT	A	S		NT	B	S
Biología	B	C	S		IS	D	RR
Geología	SF	D	RA				
Dibujo Técnico							

1. en qué escuela estudia ______________________
2. qué cursos toma ______________________

____

3. qué nota saca en español ______________________
4. qué nota saca en matemáticas ______________________

Nombre ______________________ Fecha ______________

B **Actitud.** Look at Elena's report card again. Write the terms used to describe a student's attitude.

1. ______________ 4. ______________
2. ______________ 5. ______________
3. ______________

C **Conocimiento.** Look at the report card again. Write the terms used to describe a student's achievement.

1. ______________ 4. ______________
2. ______________ 5. ______________
3. ______________ 6. ______________

D **El Almanaque del Mundo.** The World Almanac gives a lot of interesting details. Read what it has to say about education in several Spanish-speaking countries.

México La educación primaria (ciclo de seis años) es gratuita y obligatoria en el país. La preparatoria dura tres años igual que la secundaria, que no es obligatoria.

Colombia La educación primaria es gratuita y obligatoria entre los seis y los doce años. La educación secundaria tiene una duración de seis años y otorga los grados de bachiller clásico, pedagógico o educación vocacional.

Argentina La enseñanza es gratuita desde el nivel preescolar hasta el universitario, y obligatoria desde seis a catorce años de edad. La enseñanza secundaria tiene una duración entre cuatro y seis años y es requisito indispensable para cursar estudios superiores.

Puerto Rico La educación es obligatoria entre los seis y los dieciséis años. La primaria consta de seis grados; la secundaria está dividida en dos ciclos de tres años cada uno. Tanto la enseñanza preprimaria como la vocacional de nivel secundaria forman parte de la educación pública. Hay también numerosas escuelas privadas en el país.

España La educación primaria comienza a los seis años de edad y dura cinco años. La educación básica general es obligatoria y gratuita desde los seis años hasta los catorce y puede ser extendida hasta los dieciséis. La escuela secundaria comienza a los once años de edad y dura siete años y tiene dos ciclos. El primero es la continuación de la educación básica.

E **La educación.** Tell whether each statement is true or false.

1. ______ La educación primaria en México es de seis años.
2. ______ La educación secundaria es obligatoria en México.
3. ______ La educación primaria es obligatoria en Colombia.
4. ______ La educación secundaria en Colombia es de seis años y no es obligatoria.
5. ______ La educación en la Argentina es gratuita.
6. ______ La educación universitaria es también gratuita en la Argentina.
7. ______ La educación primaria consta de ocho años en Puerto Rico.
8. ______ La educación no es gratuita en España.

F **Buscando informes.** Until what age is education required in each of the following countries?

1. ______ México
2. ______ Colombia
3. ______ Argentina
4. ______ Puerto Rico
5. ______ España

G **¿Dónde?** Write down the name of the country where each of the following is true.

1. ____________________ La enseñanza preprimaria forma parte de la educación pública.
2. ____________________ La escuela secundaria tiene dos ciclos.
3. ____________________ La educación secundaria otorga el grado de bachiller.
4. ____________________ La preparatoria no es obligatoria.
5. ____________________ Hay muchas escuelas privadas.
6. ____________________ La enseñanza preescolar es gratuita.
7. ____________________ El ciclo primero es la continuación de la educación básica.
8. ____________________ La enseñanza secundaria es indispensable para cursar estudios superiores.

Nombre ________________________________ Fecha ____________________

MI AUTOBIOGRAFÍA

Continue with your autobiography. Write about your life as a student. Tell some things you do in school each day. When do you arrive to school? How do you get there? Do you wear a uniform?

Nombre ______________________________ Fecha ____________________

CAPÍTULO 4

PASATIEMPOS DESPUÉS DE LAS CLASES

VOCABULARIO

Palabras 1

A **¿Qué es?** Write the name of each item.

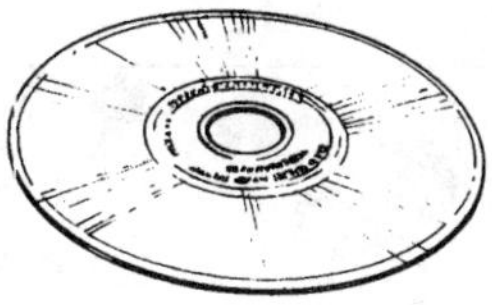

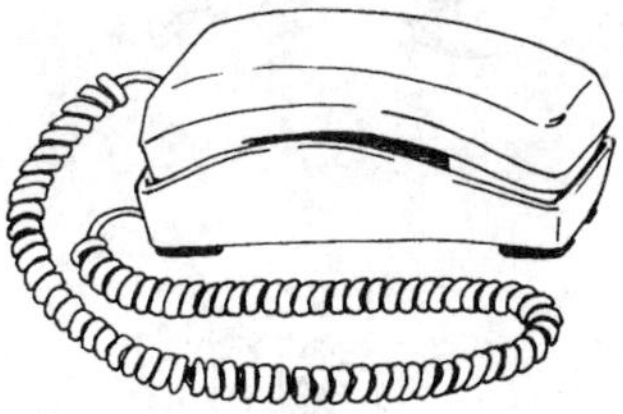

1. ____________________ 2. ____________________ 3. ____________________

4. ____________________ 5. ____________________ 6. ____________________

Nombre ______________________ Fecha ______________

B **Después de las clases.** Complete each sentence with the appropriate word(s).

1. Después de las clases, los amigos ______________ a casa a pie.
2. Los amigos ______________ discos y ______________ la televisión.
3. Los amigos ______________ una merienda en la cocina.
4. Los amigos ______________ por teléfono.
5. Carlos y María ______________ en una tienda de discos después de las clases.

Palabras 2

C **Una fiesta.** Write a sentence about each of the following people according to the illustration.

1. Elena ______________________________

2. Emilio ______________________________

3. Nando y Marisa ______________________________

Nombre ______________________ Fecha ______________

D **¿Divertido o serio?** Tell whether each of the following activities is *divertido* or *serio.*

1. ______________ escuchar discos
2. ______________ bailar
3. ______________ estudiar
4. ______________ tomar un examen
5. ______________ dar una fiesta
6. ______________ tocar el piano
7. ______________ trabajar
8. ______________ mirar la televisión
9. ______________ cantar en el coro
10. ______________ tocar en la orquesta

E **Expresiones.** Match the verb in the left column with an appropriate word or expression in the right column.

1. dar ______________	cintas
2. invitar ______________	el tango argentino
3. cantar ______________	el piano
4. bailar ______________	a los amigos
5. tocar ______________	una canción popular
6. tomar ______________	una fiesta
7. escuchar ______________	un refresco

F **Actividades divertidas.** Write sentences using each expression in Exercise E.

1. ______________________________
2. ______________________________
3. ______________________________
4. ______________________________
5. ______________________________
6. ______________________________
7. ______________________________

Nombre ______________________ Fecha ______________

ESTRUCTURA

El presente de los verbos en –ar
Formas plurales

A **En la fiesta.** Rewrite the sentences changing *El muchacho* to *Los muchachos.* Make all other necessary changes.

1. El muchacho canta.

____

2. El muchacho toca la guitarra.

____

3. El muchacho habla.

____

4. El muchacho toma un refresco.

____

5. El muchacho escucha cintas.

____

B **En la escuela.** Complete the following mini-conversations.

1. —¿Cuántos cursos tomas?
—¿Yo? Yo ______________ cinco.
—¿Sí? Nosotros también ______________ cinco cursos.

2. —¿A qué hora llegas a la escuela?
—¿Yo? Yo ______________ a la escuela a las ocho menos cinco.
—¿Sí? Nosotros también ______________ a las ocho menos cinco.

3. —¿Qué nota sacas en español?
—¿Yo? Yo ______________ ______________ en español.
—¿Sí? Nosotros también ______________ ______________ en español.

4. —¿Trabajas mucho en la escuela?
—Sí. Yo ______________ mucho.
—Nosotros también ______________ mucho.
Pero los amigos no ______________ mucho.

Nombre ______________________ Fecha ______________

C **¿Y Uds.?** Complete each sentence with the correct form of the indicated verb.

1. (estudiar)
   Nosotros ______________ español.
   ¿Qué lengua extranjera ______________ Uds.?
2. (trabajar)
   Nosotros ______________ en una tienda.
   ¿Dónde ______________ Uds.?
3. (hablar)
   Nosotros ______________ inglés en casa.
   ¿Qué lengua ______________ Uds. en casa?
4. (tocar)
   Nosotros ______________ el piano.
   ¿Qué instrumento musical ______________ Uds.?

D **Carolina la curiosa.** Complete the following conversation about yourself and a friend using the correct form of the indicated verbs.

CAROLINA: ¿A qué hora ______________ (1) tú y Roberto a casa después de las clases? (llegar)

TÚ: Pues, nosotros ______________ (2) a casa a las tres y media. (llegar)

CAROLINA: ¿______________ (3) Uds. una merienda? (tomar)

TÚ: Sí, ______________ (4) una merienda. (tomar)

CAROLINA: ¿Quién ______________ (5) la merienda? (preparar)

TÚ: A veces yo ______________ (6) la merienda y a veces Roberto ______________ (7) la merienda. (preparar, preparar)

CAROLINA: ¿______________ (8) Uds. discos? (escuchar)

TÚ: No. Nosotros ______________ (9) casetes o cintas. Yo ______________ (10) jazz y Roberto ______________ (11) rock. (escuchar, escuchar, escuchar)

CAROLINA: Yo no ______________ (12) discos. Yo ______________ (13) la televisión. (escuchar, mirar)

Nombre ______________________________ Fecha ____________________

E **Actividades diarias.** Form sentences according to the model.

Yo / mirar
Yo miro la televisión en la sala con un amigo.

1. Juan / preparar

____

2. Nosotros / trabajar

____

3. Carlos y Felipe / escuchar

____

4. Bárbara / hablar

____

5. Tú / estudiar

____

6. Nosotros / tocar

____

7. Uds. / trabajar

____

El presente de los verbos ir, dar *y* estar

F **La clase de español.** Complete each sentence with the correct form of the indicated verb.

1. Yo ____________ a la clase de español a las diez de la mañana. (ir)
2. Yo ____________ en la clase de español hasta las once menos cuarto. (estar)
3. Yo ____________ las gracias a la profesora de español. Ella es muy simpática. (dar)
4. Yo ____________ a casa a eso de las tres. (ir)
5. Yo ____________ en casa con mis amigos después de las clases. (estar)

Nombre ______________________ Fecha ______________

G **¿Qué profesor?** Complete each sentence with the correct form of the indicated verb.

1. El profesor de biología ______________ muchos exámenes. (dar)
2. El profesor de inglés y el profesor de historia no ______________ muchos exámenes. (dar)
3. Desde las tres hasta las cuatro el profesor de biología siempre ______________ en el laboratorio. (estar)
4. Él ______________ al laboratorio para preparar las lecciones. (ir)
5. A veces yo ______________ al laboratorio. (ir)
6. Cuando yo ______________ en el laboratorio, trabajo con un microscopio. (estar)

H **¿Y Uds.?** Complete each mini-conversation with the correct form of the indicated verb.

1. (dar)

—¿Tú ______________ una fiesta?

—¿Quién? ¿Yo? No, yo no ______________ una fiesta. ¿De qué fiesta hablas?

2. (ir)

—¿Tú ______________ a la fiesta de Marta?

—Sí, ______________. ¿Tú ______________ también?

—¡Claro! Yo ______________ con Sandra.

—¿Cómo ______________ Uds.?

—Nosotros ______________ en carro.

3. (estar)

—Roberto, ¿cómo ______________?

— ______________ bien.

—¿Tú ______________ bien? ¿Seguro?

—Pues, así, así.

—Hombre, ¿______________ enfermo?

—No, no. No ______________ enfermo. Pero ______________ nervioso.

—¿Por qué?

—Porque mañana es el examen final de español.

Nombre ______________________ Fecha ______________

I **Alfredo y Teresa.** Write sentences about Alfredo and Teresa according to the illustrations. Use *ir, dar,* or *estar* in your sentences.

1. ______________________________

____

2. ______________________________

____

3. ______________________________

____

Las contracciones al *y* del

J **Después de las clases.** Complete with *a* or *de* and the correct definite article, if necessary.

Roberto es ______(1)______ Estados Unidos. ¿De qué estado es? Él es ______(2)______ estado de Nueva York. Después ______(3)______ clases, Roberto no va ______(4)______ casa. Y él no va ______(5)______ café. Él va ______(6)______ tienda donde trabaja a tiempo parcial. En la tienda él escucha ______(7)______ clientes.

K **En el laboratorio.** Complete with *a* or *de* and the correct definite article, if necessary.

1. El amigo ______________ muchacha cubana va ______________ laboratorio.
2. La amiga ______________ muchacho ecuatoriano no va ______________ laboratorio. Ella va ______________ clase de historia.
3. En el laboratorio los alumnos miran ______________ profesor.

Nombre ______________________ Fecha ______________

UN POCO MÁS

A **Una invitación.** Read the following invitation.

José M.ª Carrascal Gómez
M.ª Luisa Gil Juárez

Tienen el gusto de invitarles a una fiesta
en honor de su hija
Mónica
en la ocasión de su quinceañera
que se celebrará el día siete de agosto,
a las diecinueve horas.

Cena en casa

Miguel Ángel, 14-1º
Madrid

B **Una fiesta.** In a word or two, give the following information according to the invitation.

1. Who is the guest of honor?

____

2. What is the occasion for the party?

____

3. Who is giving the party?

____

4. When is the party?

____

5. Where is the party?

____

6. Will there be food served at the party?

____

Nombre ______________________________ Fecha ____________________

C **Un poco de geografía.** Read the following. Guess the meanings of any words you do not know.

España es un país. Está en Europa. La capital de España es Madrid. España y Portugal forman una península—la península ibérica. Es una península porque hay agua a los tres lados—el mar Mediterráneo, el océano Atlántico y el mar Cantábrico. Al norte entre Francia y España están los Pirineos. Los Pirineos son montañas. Forman la frontera entre Francia y España.

D **España.** Tell whether each statement is true or false.

1. ______ España es una isla.
2. ______ España es un continente.
3. ______ España y Francia forman una península.
4. ______ Los Pirineos son montañas.
5. ______ Madrid es la capital de España.

E **Una pregunta.** Choose the word or expression that best completes each sentence.

1. España es ______.
   - **a.** un continente
   - **b.** un país
   - **c.** una frontera
2. El Mediterráneo es ______.
   - **a.** una montaña
   - **b.** un océano
   - **c.** un mar
3. España y Portugal forman ______.
   - **a.** una península
   - **b.** una frontera
   - **c.** un mar
4. ______ está al norte de España.
   - **a.** Portugal
   - **b.** Italia
   - **c.** Francia
5. Hay ______ entre Francia y España.
   - **a.** montañas
   - **b.** un mar
   - **c.** un continente

Nombre ______________________ Fecha ______________

MI AUTOBIOGRAFÍA

Continue with your autobiography. Tell some things you or you and your friends do after school. If you have a part-time job, be sure to write about it.

Nombre ______________________________ Fecha ______________

SELF-TEST 1

A Match the word in the left column with its opposite in the right column.

1. ______	alto	**a.**	moreno
2. ______	aburrido	**b.**	el alumno
3. ______	rubio	**c.**	antipático
4. ______	grande	**d.**	bajo
5. ______	el profesor	**e.**	malo
6. ______	bueno	**f.**	interesante
7. ______	a pie	**g.**	pequeño
8. ______	simpático	**h.**	en carro

B Write the name of each item.

1. ____________________

2. ____________________

3. ____________________

4. ____________________

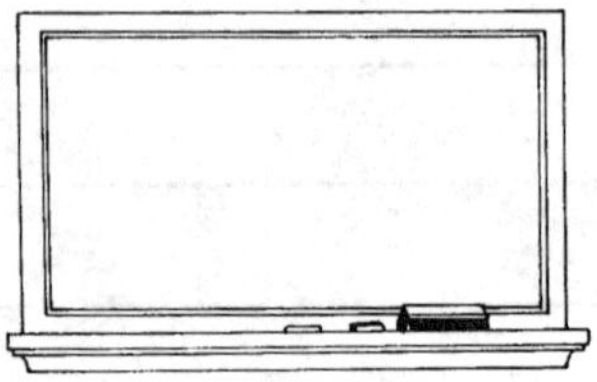

5. ____________________

6. ____________________

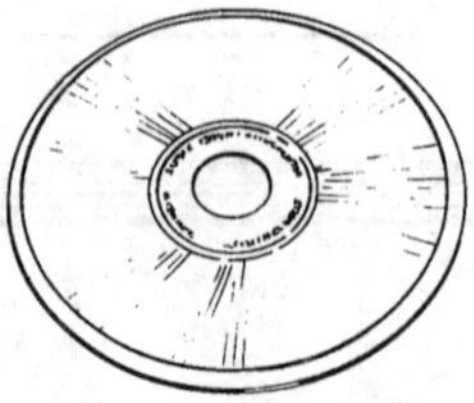

7. ____________________

8. ____________________

Nombre ______________________ Fecha ______________

C Match the verb in the left column with an appropriate expression in the right column.

1. hablar	______________	un(a) alumno(a) serio(a)
2. escuchar	______________	un examen
3. ser	______________	por teléfono
4. dar	______________	en autobús
5. tomar	______________	a las ocho
6. trabajar	______________	la lección
7. ir	______________	la televisión
8. estudiar	______________	discos
9. llegar	______________	una fiesta
10. mirar	______________	en una tienda
11. tocar	______________	el tango
12. bailar	______________	una merienda
13. preparar	______________	el piano

D Give your own answers.

1. ¿Quién eres?

____

2. ¿De qué nacionalidad eres?

____

3. ¿Qué lengua hablas?

____

4. ¿Cuántos cursos tomas?

____

5. ¿A qué hora llegas a la escuela?

____

6. ¿A qué escuela vas?

____

7. ¿Dónde estás ahora?

____

Nombre ______________________ Fecha ______________

E Complete each sentence with the correct form of the indicated verb(s).

1. Ellos ______________ amigos. (ser)
2. Él y yo (nosotros) ______________ alumnos en la misma escuela. (ser)
3. Nosotros ______________ a la escuela en el bus escolar. (ir)
4. ¿A qué hora ______________ tú a la escuela? (llegar)
5. ¿Cuántos cursos ______________ tú? (tomar)
6. Yo ______________ español. (estudiar)
7. La profesora de español ______________ muy simpática. (ser)
8. Nosotros ______________ en la clase de español ahora. (estar)
9. En la clase de español los alumnos ______________, ______________ y ______________ apuntes. (escuchar, hablar, tomar)
10. Después de las clases yo ______________ al centro comercial. (ir)
11. Adela y Tomás ______________ muchas fiestas buenas. (dar)

F Form sentences using *ser.*

1. El muchacho / alto

____

2. Las muchachas / sincero

____

3. Los cursos / interesante

____

4. La profesora / amable

____

5. Las clases / grande

____

6. Los hermanos / popular

____

7. La lección / difícil

____

Nombre ______________________ Fecha ______________________

G Complete with *a* or *de* and the correct definite article, if necessary.

1. Llegamos ______________ escuela a las ocho.
2. Y después ______________ clases vamos ______________ centro comercial.
3. Yo invito a Teresa ______________ fiesta.
4. Hablamos ______________ curso de biología.
5. Hablamos ______________ profesores también.

H Choose the word or expression that best completes each sentence.

1. En Latinoamérica el colegio es ______.
   - **a.** una escuela primaria
   - **b.** una escuela secundaria
   - **c.** una universidad
2. Puerto Rico es una parte de ______.
   - **a.** España
   - **b.** una isla
   - **c.** los Estados Unidos
3. Puerto Rico es ______.
   - **a.** una isla
   - **b.** una península
   - **c.** un mar
4. ______ es la capital del Ecuador.
   - **a.** San Juan
   - **b.** Bogotá
   - **c.** Quito
5. Muchos jóvenes trabajan a tiempo parcial en ______.
   - **a.** los Estados Unidos
   - **b.** España
   - **c.** Latinoamérica
6. Hay muchas ______ en un centro comercial.
   - **a.** casas
   - **b.** tiendas
   - **c.** escuelas

Answers appear on pages 177–178.

CAPÍTULO 5

ACTIVIDADES DEL HOGAR

VOCABULARIO

Palabras 1

A **Un edificio.** Answer according to the illustration.

1. ¿Es grande o pequeño el edificio?

____

2. ¿Es un edificio alto o bajo?

____

3. ¿Está en una ciudad grande o en un pueblo pequeño el edificio?

____

4. ¿Está en el centro de la ciudad o en las afueras de la ciudad?

____

Nombre ______________________________ Fecha ______________

B **Lo contrario.** Match the word in the left column with its opposite in the right column.

1. ______ la planta baja — a. la ciudad
2. ______ las afueras — b. el apartamento
3. ______ el pueblo — c. el centro (de la ciudad)
4. ______ a la derecha — d. el piso superior
5. ______ la casa particular — e. a la izquierda
6. ______ alto — f. público
7. ______ grande — g. pequeño
8. ______ privado — h. bajo

C **Una ciudad grande.** Complete each sentence with the appropriate word(s).

1. Nueva York es una ____________________ grande.
2. En las ____________________ de la ciudad de Nueva York hay muchos suburbios.
3. En Nueva York hay muchos ____________________ muy altos. Son rascacielos.
4. En Nueva York hay muchos ____________________ pero no hay muchas casas ____________________.
5. Las personas que viven en los apartamentos de los pisos altos de los rascacielosno toman la escalera. ____________________ al apartamento en un ____________________.
6. Hay muchos ____________________ en los apartamentos. Son muy grandes.
7. La familia prepara la comida en la ____________________, come en el ____________________ y mira la televisión en la ____________________.

D **¿Qué piso?** Express the information in the left column another way.

1. el piso número dos — el ____________________ piso
2. el piso número cuatro — el ____________________ piso
3. el piso número seis — el ____________________ piso
4. el piso número uno — el ____________________ piso
5. el piso número tres — el ____________________ piso
6. el piso número ocho — el ____________________ piso
7. el piso número siete — el ____________________ piso
8. el piso número nueve — el ____________________ piso
9. el piso número cinco — el ____________________ piso
10. el piso número diez — el ____________________ piso

Nombre ______________________ Fecha ______________

Palabras 2

E **¿Qué es?** Write the name of each item.

1. ______________

2. ______________

3. ______________

4. ______________

5. ______________

6. ______________

F **Expresiones.** Match the verb in the left column with one or more appropriate expressions in the right column.

1. leer ______________
2. comer ______________
3. beber ______________
4. escribir ______________
5. ver ______________

con bolígrafo
las noticias
el periódico
una carta
una gaseosa
un sándwich
una emisión deportiva
un café

G **Lo contrario.** Match the word in the left column with its opposite in the right column.

1. ______	aprender	a.	comprar
2. ______	escribir	b.	bajar
3. ______	vender	c.	leer
4. ______	comer	d.	beber
5. ______	subir	e.	enseñar

Nombre ______________________ Fecha ______________

ESTRUCTURA

El presente de los verbos en –er e –ir

A **Expresiones.** Match the verb in the left column with an appropriate expression in the right column.

1. comer ______________	el periódico
2. beber ______________	por la escalera
3. vender ______________	un sándwich
4. leer ______________	en una casa privada
5. vivir ______________	una gaseosa
6. subir ______________	una carta
7. escribir ______________	discos en una tienda

B **Paco.** Write sentences about Paco, telling what he does. Use each expression in Exercise A.

1. ______________
2. ______________
3. ______________
4. ______________
5. ______________
6. ______________
7. ______________

C **Las dos hermanas.** Rewrite the sentences in Exercise B, changing *Paco* to *Las dos hermanas.*

1. ______________
2. ______________
3. ______________
4. ______________
5. ______________
6. ______________
7. ______________

Nombre ______________________ Fecha ______________

D **Preguntas personales.** Give your own answers.

1. ¿Dónde vives?

____

2. ¿Viven Uds. en una casa privada o en un apartamento?

____

3. ¿Comes con la familia?

____

4. ¿Comen Uds. en la cocina o en el comedor?

____

5. ¿Lees el periódico?

____

6. ¿Qué periódico leen Uds.?

____

7. ¿Ves la televisión?

____

8. ¿Qué emisiones ven Uds.?

____

E **En casa.** Rewrite the following story, changing *yo* to *nosotros*.

Yo vivo en el campo. Vivo en una casa particular. Como en la cocina. Después de la comida, leo el periódico en la sala o veo la televisión. A veces escribo una carta a un amigo.

____

____

____

____

____

____

Nombre ______________________________ Fecha ______________

F **En la escuela.** Complete each mini-conversation with the correct form of the indicated verb.

1. (comprender)
—Oye, Sandra, ¿__________ tú la lección?
—Sí, __________ la lección.

2. (aprender)
Sandra, ¿__________ mucho en la escuela?
—Sí, sí. __________ mucho.

3. (recibir)
—Sandra, ¿__________ (tú) notas muy altas?
—Pues, a veces __________ notas altas pero no siempre.

4. (escribir)
—Sandra y Tomás, ¿__________ Uds. muchas composiciones para la clase de inglés?
—Sí, __________ muchas.

5. (comprender)
—Sandra y Tomás, ¿__________ Uds. las instrucciones en el laboratorio de física?
—Sí, __________ las instrucciones.

G **La televisión.** Rewrite the sentences changing *mirar* to *ver.*

1. Yo miro la televisión.
____

2. A las seis de la tarde miramos las noticias.
____

3. ¿Miras muchas emisiones deportivas?
____

4. Ellas miran una telenovela.
____

5. Ella mira un documental sobre el conflicto en el Perú.
____

Nombre ______________________ Fecha ______________

Sustantivos en –dad, –tad, –ión

H **Otra palabra.** Write a noun related to each of the following adjectives.

1. responsable ______________________
2. popular ______________________
3. oportuno ______________________
4. capaz ______________________

La expresión impersonal hay

I **¿Qué hay?** Write five sentences about the illustration. Use *hay.*

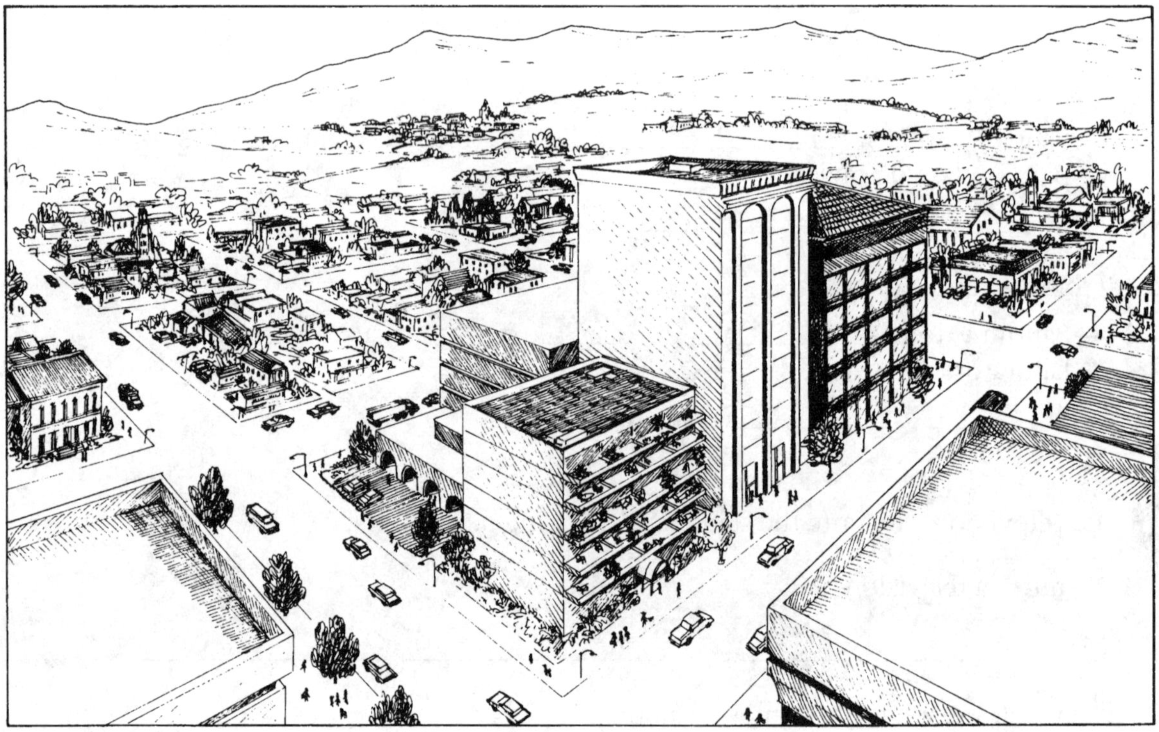

1. ______________________
2. ______________________
3. ______________________
4. ______________________
5. ______________________

Nombre ______________________________ Fecha ________________

UN POCO MÁS

A **Un anuncio.** Read the following real estate ad that appeared recently in the Bolivian newspaper *El Diario.*

B **Para vender.** Answer the following questions with a word or phrase according to the ad.

1. ¿Qué venden?

____

2. ¿Cuántos pisos hay?

____

3. ¿Cuántos cuartos de dormir hay?

____

4. ¿Cuál es el precio?

____

Vendo **CASA**
llena de sol, hermosa vista,
todas las dependencias
- 2 plantas
- garaje para varios carros
- 3 dormitorios
- terreno plano de 412 metros

$US 67.000

Alberto Ostria No. 1277 (Cristo Rey)

C **Otra palabra.** What word does the ad use for each of the following?

1. pisos ______________________
2. coches ______________________
3. cuartos de dormir ______________________
4. bonita, preciosa ______________________

D **Adivinen.** Figure it out or guess according to the ad.

1. How does the ad describe the garage?

____

2. What are the dimensions of the property?

____

3. What does the word *plano* probably mean?

____

4. The dictionary definition of *dependencia* is: *Cada habitación o espacio dedicado a los servicios de una casa.* What does *dependencia* probably mean?

____

Nombre ______________________ Fecha ______________

E **Lima, la capital del Perú.** Read the following about Lima. Guess the meanings of any unfamiliar words.

Lima es una ciudad grande de la América Latina. Es la capital del Perú. En el centro de la ciudad de Lima hay muchas plazas bonitas con edificios antiguos de estilo colonial. Los edificios antiguos no son muy altos. En las calles del centro de la capital, el Jirón de la Unión, por ejemplo, hay muchos ambulantes. Los ambulantes venden todo tipo de mercancías.

En las afueras de Lima, cerca de la costa del Pacífico, hay suburbios bonitos y elegantes como Miraflores y San Isidro. En las calles y avenidas bordadas de palmas hay mansiones lujosas y edificios altos con modernos departamentos (apartamentos) elegantes. El autor contemporáneo peruano, Vargas Llosa, describe la vida de Lima y de sus suburbios en sus novelas de fama mundial.

F **Estudio de palabras.** Match the word in the left column with a definition or equivalent in the right column.

1. ______ antiguo	a.	elegante
2. ______ ambulante	b.	objetos para vender
3. ______ mercancías	c.	de hoy, no del pasado
4. ______ una mansión	d.	dar una descripción
5. ______ lujoso	e.	del pasado, viejo
6. ______ contemporáneo	f.	una casa grande y elegante
7. ______ describir	g.	que anda o va a pie

G **Buscando informes.** In a word or two, give the following information according to the reading in Exercise E.

1. the name of an author ______________________
2. the names of two suburbs of Lima ______________________
3. the ocean near Lima ______________________
4. the name of a main street in Lima ______________________

H **Frases.** Write four original sentences about Lima.

1. ______________________
2. ______________________
3. ______________________
4. ______________________

I **En el periódico.** Read the following headlines to an article that appeared recently in *El Comercio,* a newspaper in Quito, Ecuador.

> ASTROS Y SIGNOS

> **Todos los días en diarios y revistas aparece el horóscopo. Miles de jóvenes y adultos leen las "predicciones". ¿Por qué seduce tanto el horóscopo? Los jóvenes del Club de Periodismo consultan sobre este fascinante tema.**

J **¿De qué se trata?** Tell what the headlines are about.

____

____

____

____

K **Estudio de palabras.** Match the word in the left column with a word or expression that means the same in the right column.

1. ______ el diario — **a.** atrae (atracción)
2. ______ los jóvenes — **b.** personas mayores de 21 años
3. ______ los adultos — **c.** el periódico
4. ______ seduce (seducción) — **d.** muy interesante
5. ______ fascinante — **e.** muchachos y muchachas

Nombre ______________________ Fecha ______________

MI AUTOBIOGRAFÍA

Continue with your autobiography. Write about where you live and describe your house or apartment. Be sure to give your address. Also, tell about some things you and your family do at home. When do you eat dinner? Who prepares dinner? What do you do after dinner? If you read the newspaper, tell which one you read. Do you watch television? Tell which programs you watch. Be sure to tell some things other members of your family do.

CAPÍTULO 6

LA FAMILIA Y SU CASA

VOCABULARIO

Palabras 1

A **El árbol genealógico.** Write the relationship of each person to Adela.

B **Una familia.** Complete each sentence with the appropriate word(s).

1. Una familia grande tiene muchas ______________ y una familia pequeña tiene pocas ______________.
2. Una persona que tiene quince años es ______________ y una persona que tiene noventa años es ______________.
3. Un ______________ o un gato es una mascota.
4. El ______________ y el ______________ son animales domésticos.

Palabras 2

C **¿Qué es?** Write the name of each item.

1. ______________ 2. ______________ 3. ______________

4. ______________ 5. ______________ 6. ______________

7. ______________ 8. ______________

D **¿Qué es?** Complete each sentence with the appropriate word(s).

1. Un sedán es un tipo de ________________.
2. Un ciclomotor es un tipo de ________________ con motor.
3. Hay árboles, plantas y flores en un ________________ o en un ________________.
4. La palma es un tipo de ________________.
5. El ________________ de una casa es para el coche.

E **El cumpleaños.** Complete with appropriate words.

Hoy es el ________________ (1) de Diana. Ella ________________ (2) catorce años. Sus padres dan una ________________ (3) en su honor para celebrar su ________________ (4). Los padres ________________ (5) a los amigos y a los parientes de Diana a la fiesta. Diana recibe muchos ________________ (6).

F **La fiesta.** Write a list of activities that take place at a party.

____
____
____
____
____
____
____
____
____
____
____

Nombre ______________________ Fecha ______________

ESTRUCTURA

El presente del verbo tener

A **Preguntas personales.** Give your own answers.

1. ¿Cuántos hermanos tienes?
2. ¿Tienes tíos?
3. ¿Tienes primos también? Si tienes primos, ¿cuántos tienes?
4. ¿Tienes abuelos?
5. ¿Cuántos años tienes?
6. ¿Tienes una mascota?
7. Si tienes una mascota, ¿qué tienes?

B **La edad.** Give the age of each member of your immediate family.

Nombre ______________________ Fecha ______________

C **¿Qué tiene?** Tell what each person has. Form sentences using *tener.*

1. Ella / perro

____

2. Ellos / coche grande

____

3. Yo / bicicleta

____

4. Nosotros / casa privada

____

5. Uds. / apartamento elegante

____

6. Tú / ciclomotor

____

Tener que + *el infinitivo*

D **Es necesario.** Answer using *tener que.*

1. ¿Qué tienes que hacer en la clase de inglés?

____

2. ¿Qué tienen Uds. que hacer en la clase de español?

____

3. ¿A qué hora tienen que llegar a la escuela los alumnos?

____

4. ¿Qué tiene que preparar un miembro de la familia en la cocina?

____

5. ¿Qué tienes que comprar para el cumpleaños de un(a) pariente?

____

Nombre ________________________ Fecha ________________

Ir a + *el infinitivo*

E **Mañana.** Tell what each person is going to do tomorrow. Use *ir a.*

1. Yo doy una fiesta en honor de Adela.

____

2. Paco cumple quince años.

____

3. Tú escribes una composición para la clase de español.

____

4. Los padres invitan a los abuelos a comer.

____

5. Nosotros compramos un regalo para la abuela.

____

Los adjetivos posesivos

F **Preguntas personales.** Give your own answers.

1. ¿Dónde viven tus abuelos?

____

2. ¿Cuántos hijos tiene tu abuela materna?

____

3. ¿Dónde trabaja tu madre o tu padre?

____

4. ¿Tienes hermanos? ¿A qué escuela van tus hermanos? Si no tienes hermanos, ¿a qué escuela van tus amigos?

____

G **Tareas.** Tell what each person has to do for his or her class. Use *mi, tu,* or *su.*

1. Carlos tiene que preparar un informe para ______________ clase de inglés.
2. Yo tengo que escribir una composición para ______________ clase de inglés.
3. Juan y Lupe tienen que preparar una conversación para ______________ clase de español.
4. Tú tienes que resolver cuatro problemas para ______________ clase de álgebra.
5. Elena tiene que escribir a ______________ tía.

H **Los primos.** Tell about your cousins.

1. ______________ primos viven en ______________.
2. ______________ casa está en la calle ______________.
3. Su madre es ______________ tía Dolores.
4. ______________ tía Dolores, ______________ madre, tiene una tienda.
5. En ______________ tienda ella vende discos y videos.

I **Nuestra familia.** Rewrite the sentences changing *mi(s)* or *tu(s)* to *nuestro(s)* or *su(s).*

1. ¿Cuántas personas hay en tu familia?

____

2. En mi familia hay cinco personas. Somos cinco.

____

3. ¿Viven tus abuelos en Madrid?

____

4. No, mis abuelos viven en México.

____

5. ¿Visitan mucho tus abuelos?

____

Nombre ____________________ Fecha ____________________

UN POCO MÁS

A **Un matrimonio.** Read the following wedding announcement that appeared in the newspaper *El Mercurio* in Santiago de Chile.

> **Matrimonio**
> **González Parra-Diez del Corral Pérez-Soba**
> Hoy, a las 13 horas, en el monasterio de Armentetra (Pontevedra, España), se efectuará el matrimonio de Pilar Diez del Corral Pérez-Soba con Gastón González Parra. Serán padrinos de la novia don Jesús Diez del Corral Rivas y señora Pilar Pérez-Soba Baro, y del novio, don Gastón González Palacios y señora Carmen Parra Rodríguez.

B **Información.** In a word or two, answer the questions according to the wedding announcement.

1. ¿A qué hora es la ceremonia?

____

2. ¿En qué país es la ceremonia?

____

3. ¿Qué es "Armentetra"?

____

C **Adivinen.** Figure it out or guess.

1. Who is the bride?

____

2. Who is the groom?

____

3. Who is probably the groom's mother?

____

4. Who is probably the bride's father?

____

Nombre ______________________ Fecha ______________

D **Felicidades.** Look at the card and read it.

Ya cumples quince años
Un cumpleaños especial,
Para una señorita,
Es una ocasión sentimental.

Siempre tendrás memorias
De amigas muy sinceras,
De regalos y de fiestas,
De tus quince primaveras.

Y después tú vas a pensar
En este año particular
Y sé que vas a recordar el día
Con lágrimas de alegría.

E **¿Qué dice?** In a word or two, answer the questions according to the card.

1. ¿Para qué es la tarjeta?

   ____

2. ¿Cuántos años cumple la muchacha?

   ____

3. ¿Cómo es la ocasión?

   ____

4. ¿De qué va a tener memorias la muchacha?

   ____

F **Para vender.** Read the following advertisement that appeared in a Spanish newspaper.

G **El anuncio.** Choose the word or expression that best completes each statement according to the advertisement.

1. Los apartamentos están en ________.
   a. Chile
   b. España
   c. Puerto Rico
2. Los apartamentos más grandes tienen ________ dormitorios.
   a. tres
   b. cinco
   c. diez
3. Los apartamentos están cerca de ________.
   a. un hotel
   b. un teléfono
   c. un mar
4. Los apartamentos están a diez kilómetros de la ciudad de ________.
   a. Alicante
   b. Mediterráneo
   c. Madrid

H **Las abreviaturas.** The following abbreviations are used in the advertisement you read. Try to find the abbreviation for each word.

1. kilómetro ____________________
2. pesetas ____________________
3. calle ____________________
4. tercero ____________________
5. avenida ____________________

Nombre ______________________ Fecha ______________

MI AUTOBIOGRAFÍA

Write as much as you can about your family and your house. If you have a pet, be sure to mention him or her. Give the names and ages of each member of your family and describe each of them. Also tell where each person lives. Then write about where you live and describe your house or apartment. Be sure to include your address.

Nombre ______________________ Fecha ______________

CAPÍTULO 7

LOS DEPORTES DE EQUIPO

VOCABULARIO

Palabras 1

A **¿Qué es?** Write the name of each item.

1. ______________ 2. ______________ 3. ______________

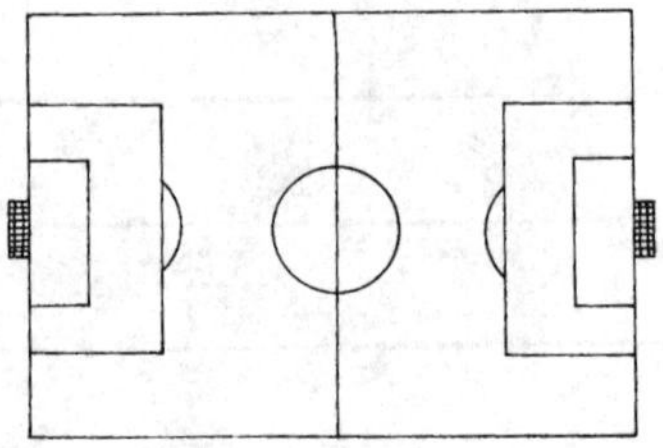

4. ______________ 5. ______________

B **Un juego de fútbol.** Complete each sentence with the appropriate word(s).

1. El jugador ______________ el balón con el pie.
2. El ______________ guarda la portería.
3. El portero trata de parar o ______________ el balón.
4. Si el balón entra en la portería, el otro jugador ______________ un gol y su equipo marca un ______________.
5. El tanto queda ______________ cuando los dos equipos tienen el mismo tanto.
6. En un partido de fútbol hay dos ______________.

Nombre ______________________ Fecha ______________

C **Diccionario.** Write the word being defined.

1. el que juega ______________
2. el que guarda la portería ______________
3. una estación del año ______________
4. el conjunto de jugadores ______________
5. salir victorioso ______________
6. no dejar (permitir) entrar ______________
7. lo contrario de *ganar* ______________
8. meter el balón en la portería ______________

Palabras 2

D **Los deportes.** Write the names of four sports.

1. ______________
2. ______________
3. ______________
4. ______________

E **El baloncesto.** Write five words associated with basketball.

1. ______________
2. ______________
3. ______________
4. ______________
5. ______________

F **El béisbol.** Write five words associated with baseball.

1. ______________
2. ______________
3. ______________
4. ______________
5. ______________

Nombre ______________________ Fecha ______________

G **El partido de béisbol.** Write as much as you can about the illustration.

___

___

___

___

___

___

___

___

___

___

___

Nombre ______________________ Fecha ______________

ESTRUCTURA

El presente de los verbos con el cambio e > ie

A **¿Jugar qué?** Rewrite the following sentences in the singular.

1. Queremos jugar (al) vólibol.

____

2. Preferimos jugar en el parque.

____

3. Empezamos a jugar a las dos y media.

____

4. Mis hermanos quieren jugar al fútbol.

____

5. Ellos prefieren jugar en el campo de la escuela.

____

6. Empiezan a jugar al mediodía.

____

B **Al café.** Rewrite the following sentences in the plural *(nosotros)*.

1. Quiero comer.

____

2. Prefiero ir al café Gijón.

____

3. Quiero un sándwich (un bocadillo).

____

4. Empiezo a comer.

____

5. No quiero postre.

____

Nombre ______________________ Fecha ______________

C **El partido de hoy.** Complete each sentence with the correct form of the indicated verb.

1. Hoy nosotros ______________ a jugar a las dos. (empezar)
2. Nosotros ______________ ganar. No ______________ perder. (querer, querer)
3. Si nosotros ______________ el juego de hoy, ______________ todo. (perder, perder)

D **El partido de hoy.** Rewrite each sentence in Exercise C, changing *nosotros* to *yo.*

1. ______________________________
2. ______________________________
3. ______________________________

El presente de los verbos con el cambio o > ue

E **Cosas personales.** Complete each sentence with the correct form of the indicated verb.

1. Yo ______________ ocho horas cada noche. (dormir)
2. Yo ______________ llegar a la escuela a las ocho menos cuarto. (poder)
3. Yo ______________ tomar el autobús a la escuela. (poder)
4. Yo ______________ al fútbol después de las clases. (jugar)
5. Yo ______________ con el equipo de la escuela. (jugar)
6. Yo ______________ a casa a las cinco y media o a las seis. (volver)
7. Yo ______________ muy bien después de jugar mucho. (dormir)

F **El plural.** Rewrite the sentences in Exercise E in the plural *(nosotros).*

1. ______________________________
2. ______________________________
3. ______________________________
4. ______________________________
5. ______________________________
6. ______________________________
7. ______________________________

Nombre ______________________ Fecha ______________

G **Las mismas opiniones.** Complete each sentence with the correct forms of the indicated verb.

1. Yo ______________ comer y Tomás ______________ comer. Nosotros también ______________ comer en el mismo restaurante. (querer)
2. Él ______________ estudiar ciencias y su amigo ______________ estudiar ciencias. Ellos ______________ ir a la misma universidad. (querer)
3. Tú ______________ jugar y yo ______________ jugar. Nosotros ______________ jugar con el mismo equipo. (poder)
4. Uds. ______________ y nosotros ______________, pero nosotros no ______________ en el mismo dormitorio. (dormir)

Los adjetivos de nacionalidad

H **Nacionalidades.** Answer the following questions according to the model.

¿Es él de Puerto Rico?
Sí, es puertorriqueño.

1. ¿Es él de México? ______________
2. ¿Es ella de Cuba? ______________
3. ¿Son ellos de Panamá? ______________
4. ¿Son ellos de Colombia? ______________
5. ¿Es él de Alemania? ______________
6. ¿Es su amigo de Inglaterra? ______________
7. ¿Es ella de España? ______________
8. ¿Es su amiga de Francia? ______________
9. ¿Son ellos de Portugal? ______________
10. ¿Son ellas del Japón? ______________
11. ¿Es ella del Canadá? ______________
12. ¿Son ellas de Nicaragua? ______________
13. ¿Es ella de Chile? ______________
14. ¿Es él de Irlanda? ______________

Nombre ______________________ Fecha ______________

UN POCO MÁS

A **Un partido.** Look at the admission ticket to a *Copa Libertadores* game.

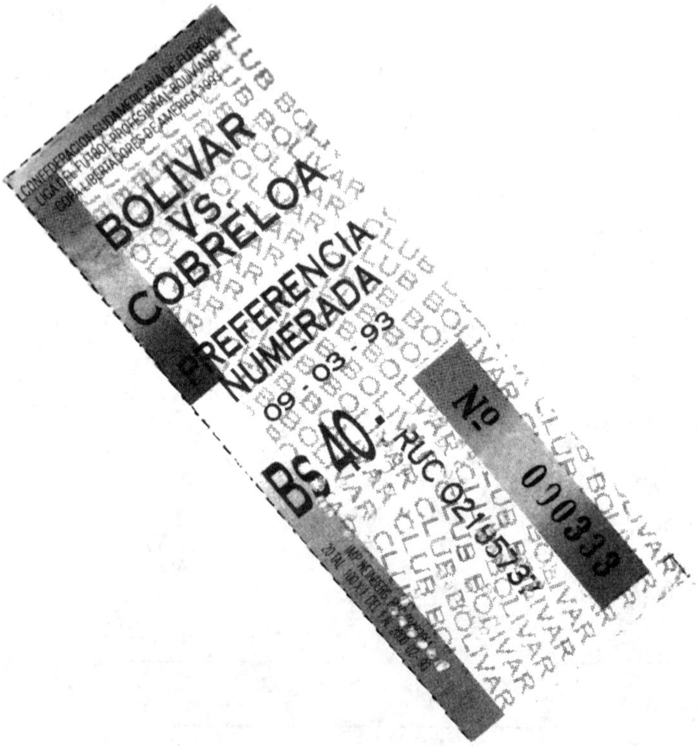

B **¿Sí o no?** Indicate whether each statement is true or false according to the ticket in Exercise A. If it is false, correct it.

1. El boleto es para un partido de tenis.

____

2. Cobreloa es un equipo de fútbol.

____

3. Cobreloa juega contra Libertadores.

____

4. Es un boleto para la Copa Mundial.

____

C **Las noticias deportivas.** Read the following article about the game in Exercise A, which appeared in *El Diario* of La Paz.

> ***EN 30 MINUTOS SE DEFINIO EL PARTIDO***
>
> Con goles convertidos por Etcheverry, Borja y Baldivieso en el transcurso de 30 minutos del segundo período, el plantel de Bolívar se impuso a Cobreloa de Chile por 3 a 0, en partido válido para la Copa Libertadores de América, anoche en el estadio Olímpico de Miraflores ante más de 36.000 espectadores.

D **Información.** In a word or two, answer the questions according to the newspaper article.

1. What is the article about?

____

2. Who scored goals?

____

3. When did all the scoring take place?

____

4. What was the final score?

____

5. When was the game?

____

E **Buscando informes.** Find the following information in the newspaper article in Exercise C.

1. el nombre del estadio ______________________________
2. el país que Cobreloa representa ______________________________
3. el número de espectadores ______________________________

Nombre ____________________ Fecha ____________________

MI AUTOBIOGRAFÍA

Write as much as you can about the sports teams at your school. Do you participate in any team sports? Tell which ones. Do you prefer to participate or to be a spectator? If you are not fond of sports, write about some of your other activities.

Nombre ______________________ Fecha ______________

CAPÍTULO 8

UN VIAJE EN AVIÓN

VOCABULARIO

Palabras 1

A **Una tarjeta de embarque.** Give the following information according to the boarding pass.

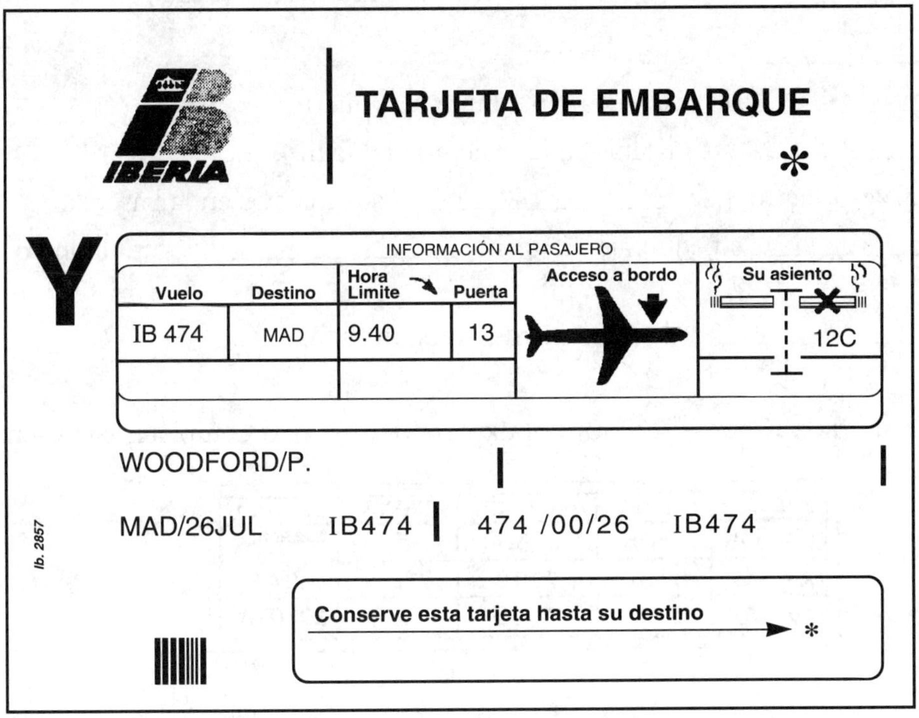
IBERIA

TARJETA DE EMBARQUE

Y

INFORMACIÓN AL PASAJERO

Vuelo	Destino	Hora Limite	Puerta	Acceso a bordo	Su asiento
IB 474	MAD	9.40	13		12C

WOODFORD/P.

MAD/26JUL IB474 474 /00/26 IB474

Ib. 2857

Conserve esta tarjeta hasta su destino *

1. el nombre del pasajero ______________
2. el nombre de la línea aérea ______________
3. la hora de salida ______________
4. la fecha del vuelo ______________
5. el número del vuelo ______________
6. el número de la puerta de salida ______________
7. el número del asiento ______________
8. el destino del vuelo ______________

Nombre ______________________ Fecha ______________

B **En el aeropuerto.** Tell whether each statement is true or false.

1. ______ Cuando el pasajero llega al aeropuerto, tiene que facturar las maletas grandes.
2. ______ Es imposible abordar el avión con el equipaje de mano.
3. ______ Cuando el pasajero factura su equipaje, el agente pone un talón en cada maleta para identificar el destino.
4. ______ Cuando uno hace un viaje internacional, es decir un viaje a un país extranjero, es necesario llevar (tener) pasaporte.
5. ______ Antes de abordar el avión, los pasajeros tienen que pasar por el control de seguridad donde inspeccionan al pasajero y su equipaje de mano. Verifican si el pasajero lleva un arma de fuego—como una pistola, por ejemplo.

C **Un viaje en avión.** Complete each sentence with the appropriate word(s).

1. Ella ______________ un viaje en avión.
2. Ella ______________ de casa en taxi para ir al aeropuerto.
3. Ella ______________ sus maletas en la maletera del taxi.
4. Cuando llega al aeropuerto, ella ______________ sus maletas en la báscula.
5. Ella ______________ su equipaje. El agente ______________ un talón en cada maleta.
6. Su avión ______________ de la puerta de salida número siete.

D **La pantalla de salidas.** Choose the word or expression that best completes each sentence.

VUELO	SALIDA	ABORDAR	PUERTA	DESTINO
UA 105	7:05	6:30	5	BUENOS AIRES
AA 731	7:30	7:00	12	LIMA
AV 701	8:15	7:45	2	BOGOTÁ

1. El vuelo 105 de la United sale a las ________.
   - **a.** siete y cinco
   - **b.** seis y media
   - **c.** cinco
2. El vuelo que sale a las ocho y cuarto va a ________.
   - **a.** Lima
   - **b.** Buenos Aires
   - **c.** Bogotá
3. Los pasajeros del vuelo 701 de Avianca pueden abordar el avión a las ________.
   - **a.** ocho y cuarto
   - **b.** ocho menos cuarto
   - **c.** dos
4. El vuelo que sale de la puerta número doce va a ________.
   - **a.** Buenos Aires
   - **b.** Lima
   - **c.** Bogotá

Nombre ______________________________ Fecha ______________________

Palabras 2

E **¿Qué es or quién es?** Write the name of each place or person.

1. ______________________

2. ______________________

3. ______________________

4. ______________________

5. ______________________

F **Palabras derivadas.** Match each verb in the left column with the corresponding noun(s) in the right column.

1. ______	asistir	a.	el vuelo
2. ______	reclamar	b.	el aterrizaje
3. ______	controlar	c.	el despegue
4. ______	volar	d.	el control
5. ______	inspeccionar	e.	el asistente, la asistenta
6. ______	despegar	f.	la inspección
7. ______	aterrizar	g.	el reclamo
8. ______	llegar	h.	la llegada

G **Diccionario.** Give the word being defined.

1. el que trabaja a bordo del avión; sirve a los pasajeros ______________________
2. todo el personal a bordo de un avión ______________________
3. el comandante ______________________
4. los que viajan en el avión ______________________
5. el lugar donde inspeccionan o verifican los pasaportes ______________________
6. el lugar donde inspeccionan el equipaje de los pasajeros que llegan ______________________

Nombre ______________________ Fecha ______________

ESTRUCTURA

El presente de los verbos hacer, poner, traer, salir *y* venir

A **Un viaje.** Form sentences using the expression *hacer un viaje.*

1. Yo / a España

____

2. Yo / con mi primo

____

3. Nosotros / en avión

____

4. Mis hermanos no / a España

____

5. Ellos / a México

____

6. ¿Adónde / sus padres?

____

7. Mis padres / a México también

____

B **Haciendo la maleta.** Complete each sentence with the correct form of *hacer, poner,* and *salir.*

1. Juan ______________ la maleta. Él ______________ una camisa en la maleta. Él ______________ para Málaga.
2. Nosotros ______________ nuestra maleta. Nosotros ______________ blue jeans en la maleta. Nosotros ______________ la maleta porque ______________ para Cancún, México.
3. ¿Tú ______________ tu maleta? ¿Para dónde ______________?
4. Mis padres ______________ su maleta. Ellos ______________ muchas cosas en la maleta. Ellos ______________ su maleta porque ______________ para Miami.
5. Yo ______________ mi maleta. Yo ______________ blue jeans y T shirts en mi maleta. Yo ______________ la maleta porque ______________ para la Sierra de Guadarrama donde voy de camping.

Nombre ______________________ Fecha ______________

C **Todos tenemos suerte.** These people are lucky because they are coming from a place they enjoyed a great deal. Complete each sentence with the correct form of *tener* and *venir.*

1. Yo ______________ mucha suerte porque ______________ de Toldeo, una ciudad fantástica cerca de Madrid.
2. Jesús y Juanita ______________ mucha suerte porque ______________ de Puerto Rico, una isla tropical en el mar Caribe que ______________ playas estupendas.
3. Nosotros ______________ mucha suerte porque ______________ de la Ciudad de México, la fabulosa capital de nuestro país.
4. Jorge ______________ mucha suerte porque ______________ de Quito, una ciudad colonial en los Andes.
5. Tú también ______________ mucha suerte porque ______________ de Acapulco.

El presente progresivo

D **Un poco de gramática.** Give the present participle of each of the following verbs.

1. volar ______________
2. llegar ______________
3. comer ______________
4. hacer ______________
5. salir ______________
6. leer ______________

E **¿Qué están haciendo?** Rewrite each sentence using the present progressive tense.

1. Los pasajeros embarcan.

   ____

2. El asistente de vuelo mira (revisa) las tarjetas de embarque.

   ____

3. Los pasajeros buscan su asiento.

   ____

4. Ponen su equipaje de mano en el compartimiento sobre su asiento.

   ____

5. La asistenta de vuelo anuncia la salida.

   ____

6. El avión despega.

   ____

Nombre ______________________ Fecha ______________

F **Un viaje.** Complete each sentence with the present progressive of the indicated verb(s).

1. Nosotros ______________ un viaje. (hacer)
2. En este momento, nosotros ______________ a una altura de 10.000 metros pero el avión todavía ______________. (volar, subir)
3. Nosotros ______________ los Andes. (sobrevolar)
4. Ahora el avión ______________. (aterrizar)
5. Nosotros ______________ al aeropuerto Jorge Chávez en Lima. (llegar)

G **¿Qué hacen ahora?** Answer the questions according to the illustrations.

1. ¿Qué están haciendo Teresa y Cristóbal ahora?

____

____

2. ¿Qué está haciendo el señor Aparicio ahora?

____

____

3. ¿Qué estoy haciendo ahora?

____

____

4. ¿Qué estamos haciendo ahora?

____

____

Nombre ________________________ Fecha ________________

UN POCO MÁS

A **El boleto.** Here is an airline ticket. Fill it in using your own name. Make up your own trip.

aeroméxico	*Origen*		*Destino*	
Nombre de pasajero				
De	Transportador	Vuelo y Clase	Fecha	Hora
A				
Pasaje	Total	**aeroméxico**		
Impuestos				

B **El viaje.** Answer the following questions according to your airline ticket.

1. ¿Adónde vas?

   ____

2. ¿En qué vuelo sales?

   ____

3. ¿A qué hora sale tu vuelo?

   ____

4. ¿Qué día sales?

   ____

5. ¿Qué día vuelves?

   ____

6. ¿Cuál es el precio del boleto?

   ____

7. ¿Cuál es la línea aérea?

   ____

Nombre ______________________________ Fecha ____________________

C **¡A viajar!** Read the following ad that appeared in a travel brochure.

Salidas:

ABRIL	MAYO	MAYO
29	12	29
SABADO	VIERNES	JUEVES

LISBOA 4 días

(Y-727)

ITINERARIO: IT91BMAD630

Día 1.° MADRID - LISBOA

Presentación en el aeropuerto, mostador Pullmantur, noventa minutos antes de la hora de salida. Trámites de facturación y embarque, en vuelo regular, con destino a Lisboa. Llegada y traslado al hotel. **Alojamiento.**

Día 2.° LISBOA

Desayuno y alojamiento. Día libre, durante el cual podrá recorrer la ciudad: Plaza del Marqués de Pombal, Parque de Eduardo VII, Monumento a los Descubridores, Torre de Belem, etc., y recorrer la parte antigua para admirar los típicos balcones y miradores sobre el río Tajo.

Día 3.° LISBOA

Desayuno y alojamiento. Día libre, el cual podrá dedicar a alguna excursión facultativa por sus alrededores, como Sintra, histórica población en la sierra; Cascais, hermosa población pesquera; y Estoril, elegante balneario.

Día 4.° LISBOA - MADRID

Desayuno y salida, en vuelo regular, con destino a Madrid. (Traslado al aeropuerto no incluido.)

PRECIOS POR PERSONA PESETAS (en habitación doble con baño/ducha)

	ROMA ●●	EDUARDO VII ●●●	PENTA ●●●●	ALFA ●●●●●
Lisboa	**29.150**	**34.700**	**35.950**	**45.800**
Supl. indiv.	**5.550**	**8.600**	**8.900**	**14.100**

D **Adivinen.** Give the following expressions in Spanish.

1. transfer to hotel ______________________
2. free day ______________________
3. fishing village ______________________
4. elegant beach resort ______________________
5. price per person ______________________

Nombre ______________________ Fecha ______________

E **Una tarjeta postal.** Pretend you are in the airport and you are taking a trip. Tell your friend where you are going, what you have to do at the airport, and what time your flight is leaving.

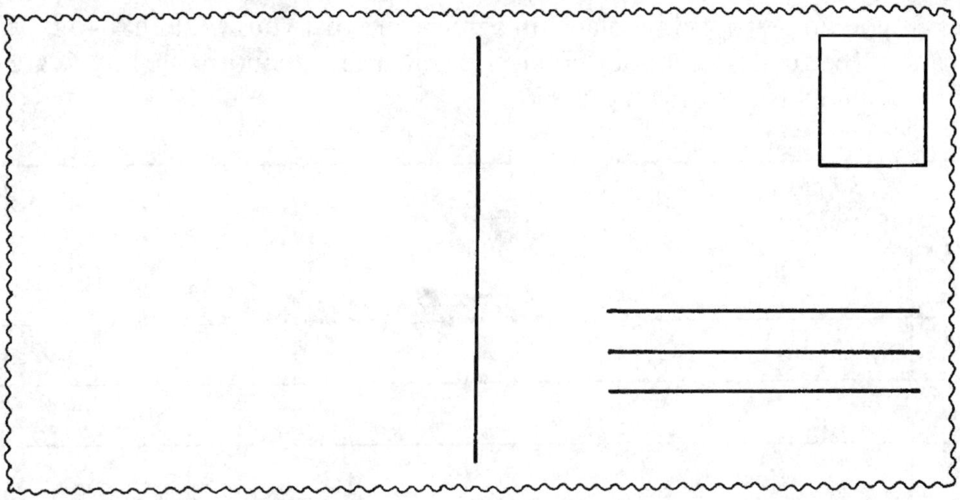

F **Las lenguas romances.** Spanish shares a lot of vocabulary with the other Romance languages derived from Latin. Look at the expressions below in Spanish, French, Italian, and Portuguese. Notice how much you could understand at an airport in Paris, Rome, Lisbon, or Rio de Janeiro.

Español	Francés	Italiano	Portugués
la línea aérea	la ligne aérienne	la linea aerea	a linha aérea
el vuelo	le vol	il vuolo	o vôo
el pasaporte	le passeport	il passaporto	o passaporte
la puerta	la porte	la porta	a porta
la tarjeta de embarque	la carte d'embarquement	la carta d'imbarco	a cartão de embarque
la aduana	la douane	la dogana	a alfândega
el destino	la destination	la destinazione	o destino
el billete (boleto)	le billet	il biglietto	o bilhete
el pasajero	le passager	il passaggero	o passageiro
el viaje	le voyage	il viaggio	a viagem

Read the following announcements in Spanish, French, and Italian. Do you think you would have any trouble understanding them if you were at an airport in Spain, France, or Italy?

Español

Iberia anuncia la salida de su vuelo ciento cinco con destino a Madrid. Embarque inmediato por la puerta número siete, por favor.

Francés

Air France annonce le départ de son vol cent cinq à destination de Paris. Embarquement immédiat par la porte numéro sept, s'il vous plaît.

Italiano

Alitalia anuncia la partenza del vuolo cento cinque a destinazione Roma. Imbarco immediato per la porta numero sette, per favore.

Nombre ____________________ Fecha ____________________

MI AUTOBIOGRAFÍA

Do you like to travel? Do you travel often? Do you travel by plane? If you do, tell about your experiences. If you do not travel by plane, imagine a trip that you would like to take. Tell something about the airport near your home and something about the flight you are going to take. Include as many details as you can.

SELF-TEST 2

A Complete each sentence with the appropriate word(s).

1. Tres cuartos de una casa son ______________, ______________ y ______________.
2. La familia vive en una ______________ particular, no en un apartamento.
3. Ellos viven en la ______________ Main.
4. María ______________ un sándwich y ______________ una limonada.
5. Yo leo el ______________ y escribo con un ______________.
6. En el ______________ hay árboles y ______________.
7. Yo tengo una bicicleta y mis padres tienen un ______________ en el garaje.
8. El fútbol y el béisbol son ______________.
9. Juegan al fútbol en el ______________ de fútbol.
10. Si el ______________ no puede parar el balón y entra en la portería, el otro ______________ mete un gol y marca un ______________.

B Tell which of your relatives is being described.

1. el otro hijo de mis padres ______________
2. la madre de mi padre ______________
3. el hermano de mi padre ______________
4. el hijo de la hermana de mi padre ______________

C Write the name of each item or person.

1. ______________

2. ______________

3. ______________

4. ______________

5. ______________

Nombre ______________________________ Fecha ____________________

D Complete each sentence with the correct form of the indicated verb.

1. Yo ____________________ la televisión en la sala. (ver)
2. Nosotros ____________________ en el comedor. (comer)
3. Nosotros ____________________ en una casa particular. (vivir)
4. Yo ____________________ notas muy buenas en la escuela. (recibir)
5. Ellos ____________________ mucho. (leer)
6. Yo ____________________ una familia grande. (tener)
7. Nosotros ____________________ un perro. (tener)
8. Mi tía ____________________ tres hijos. (tener)
9. Yo ____________________ un viaje. (hacer)
10. El taxista ____________________ las maletas en la maletera del taxi. (poner)
11. Yo ____________________ para el aeropuerto. (salir)
12. Nosotros ____________________ para Madrid. (salir)

E Rewrite each sentence changing the singular to the plural or vice versa.

1. Yo empiezo ahora.

   Nosotros ____

2. Él quiere salir.

   Ellos ____

3. ¿Tú puedes?

   ¿Uds. ____

4. Ellos juegan bien.

   Él ____

5. Yo vuelvo ahora.

   Nosotros ____

6. Yo prefiero comer ahora.

   Nosotros ____

7. Ellas duermen ocho horas.

   Ella ____

Nombre ____________________ Fecha ____________

F Complete each sentence with correct form of the possessive adjective(s).

1. Yo tengo una hermana. ____________ hermana tiene once años.
2. El libro es de Juan. ____________ libro es muy interesante.
3. Nosotros vivimos en los suburbios. ____________ casa tiene un jardín.
4. Mi tío es muy simpático. ____________ hijos son ____________ primos.
5. Si vas a hacer un viaje, ¿tienes ____________ billetes y ____________ pasaporte?

G Rewrite each sentence using the present progressive tense.

1. Ellos salen ahora.

____

2. Hago el viaje con ellos.

____

3. Viajamos en avión.

____

4. Yo leo y él escribe.

____

5. Los pasajeros ponen su equipaje en el compartimiento.

____

6. Tú reclamas las maletas.

____

H Complete each sentence with *hay, tener que,* or *ir a.*

1. ____________ muchos alumnos en nuestra clase de español.
2. Yo ____________ estudiar mucho si quiero recibir buenas notas.
3. Mañana nosotros ____________ tener un examen. Nosotros ____________ estudiar para el examen.
4. Elena y Paco ____________ ir a la tienda de discos. Ellos ____________ comprar un regalo para su prima, Teresa. Teresa ____________ cumplir los quince años el martes.

Nombre ______________________________ Fecha ____________________

I Tell whether each statement is true or false.

1. ______ En Latinoamérica no hay suburbios.
2. ______ En Latinoamérica mucha gente vive en apartamentos en el centro de las ciudades.
3. ______ Una señora hispana tiene (lleva) el apellido de su familia y también el apellido de la familia de su esposo.
4. ______ El fútbol (soccer) es el deporte más popular en España y Latinoamérica.
5. ______ El fútbol que juegan en España y en Latinoamérica es el mismo fútbol que juegan en los Estados Unidos.
6. ______ El avión no es muy importante en la América del Sur.
7. ______ Los Andes son montañas muy altas.
8. ______ Es fácil viajar por tierra por las selvas tropicales de la América del Sur.

Answers appear on pages 178–179.

Nombre ______________________________ Fecha ____________________

CAPÍTULO 9

DEPORTES Y ACTIVIDADES DE INVIERNO

VOCABULARIO

Palabras 1

A **¿Qué es?** Write the name of each item.

1. ____________________

2. ____________________

3. ____________________

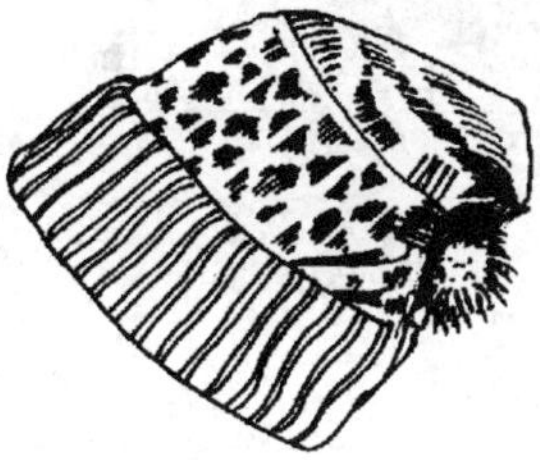

4. ____________________

5. ____________________

6. ____________________

B **Palabras derivadas.** Match each verb in the left column with the corresponding noun(s) in the right column.

1. ______ subir
2. ______ bajar
3. ______ descender
4. ______ esquiar
5. ______ nevar

a. el esquí
b. la nieve, la nevada
c. la bajada
d. la subida
e. el descenso

Nombre ______________________ Fecha ______________

C **¡A esquiar!** Complete each sentence with an appropriate word.

1. El esquiador ______________ en el telesilla, no baja.
2. Los esquiadores llevan ______________ como protección del reflejo del sol en la nieve.
3. Él no es experto. Es ______________. Es solamente la segunda o tercera vez que esquía.
4. Hoy está nevando mucho. Hay mucha ______________.
5. Él exagera un poco. Es un poco ______________.

D **El equipo necesario.** Make a list of necessary ski equipment.

1. ______________ 4. ______________

2. ______________ 5. ______________

3. ______________ 6. ______________

Palabras 2

E **¿Qué es?** Write the name of each item.

1. ______________

2. ______________

3. ______________

4. ______________

Nombre ________________________________ Fecha ____________________

F **El patinaje.** Complete each sentence with an appropriate word.

1. Una pista al aire libre no tiene techo pero una pista ________________ sí, tiene techo.
2. Los patines para el patinaje sobre hielo tienen ________________.
3. Los patinadores bailan cuando hacen el ________________.
4. Hay pistas cubiertas y pistas ________________ donde patina la gente sobre hielo.

G **Lo contrario.** Write the opposite.

1. Estos patines tienen cuchilla (hoja).

____

2. Estos patines tienen ruedas.

____

3. Es una pista al aire libre.

____

4. Están haciendo el patinaje sobre hielo.

____

H **¿Sí o no?** Tell whether each statement is true or false according to the illustration.

1. ______ Es el patinaje sobre hielo.
2. ______ Es una pista cubierta.
3. ______ Es una pista para el patinaje sobre ruedas.
4. ______ Los patines tienen ruedas.
5. ______ Los patinadores llevan gafas.
6. ______ Hay mucha nieve en la pista.
7. ______ Los dos patinadores llevan guantes.

Nombre ______________________ Fecha ______________

ESTRUCTURA

El presente de los verbos saber *y* conocer

A **Lo que sé hacer.** In complete sentences, write five things you know how to do.

1. ______________________
2. ______________________
3. ______________________
4. ______________________
5. ______________________

B **¿A quiénes conoces?** In complete sentences, write the names of five people you know.

1. ______________________
2. ______________________
3. ______________________
4. ______________________
5. ______________________

C **Un(a) buen(a) amigo(a).** Write a paragraph about a good friend. In the paragraph, answer the following questions: *¿Sabes su número de teléfono? ¿Cuál es? ¿Conoce él o ella a toda tu familia? ¿Conoces a toda su familia también? ¿Cuáles son algunas cosas que él o ella sabe hacer muy bien? ¿Sabes hacer las mismas cosas?*

____

D **Un viaje a Puerto Rico.** Complete each sentence with the correct form of *saber* or *conocer.*

1. Miguel ______________ que mañana va a salir para San Juan.
2. Él ______________ el número de su vuelo y a qué hora va a salir.
3. Como Miguel es de Puerto Rico, él ______________ a mucha gente en la isla.
4. Él ______________ la historia de Puerto Rico también.
5. Él ______________ que no tiene que llevar pasaporte a Puerto Rico.
6. Él ______________ que Puerto Rico es un estado libre asociado de los Estados Unidos.

E **¿Saber o conocer?** Form sentences using *saber* or *conocer.*

1. Yo / a la instructora

   ____

2. Ella / esquiar muy bien

   ____

3. Ella / enseñar bien

   ____

4. Ella / a todos sus alumnos

   ____

5. Yo / que ella es argentina

   ____

El presente del verbo decir

F **¿Qué dices?** Complete each sentence with the correct form of *decir.*

1. Yo ______________ que un colegio en Latinoamérica es una escuela superior en los Estados Unidos.
2. Nosotros siempre ______________ que un amigo sincero es un tesoro.
3. Ellos ______________ que mucha gente de la clase media vive en apartamentos en el centro de las grandes ciudades.
4. ¿______________ tú que hay estaciones de esquí famosas en los Andes?
5. ¿______________ Uds. que en su país muchos alumnos asisten a escuelas privadas?
6. Yo ______________ que en nuestra escuela el deporte más popular es el fútbol.
7. Nosotros ______________ que este año vamos a aprender a esquiar.

G **¿Dice que sí o que no?** Answer the following questions.

1. ¿Dice Paco que es esquiador experto?

____

2. ¿Dicen los patinadores principiantes que saben hacer el patinaje artístico?

____

3. ¿Dicen Uds. que prefieren el invierno?

____

4. ¿Dices tú que eres un poco fanfarrón (fanfarrona)?

____

Los adjetivos demostrativos

H **En el aeropuerto.** Complete the sentences with the correct form of *este, ese,* or *aquel.*

1. El avión que sale de ______________ puerta aquí va a San Juan. El avión que sale de ______________ puerta allá va a Miami.
2. ______________ avión que va a San Juan es un A300. ______________ avión que va a Miami es un 727.
3. ______________ pasajeros que hacen cola (fila) aquí van a San Juan.
4. ______________ pasajeros que esperan allá en ______________ puerta van a Miami.
5. ______________ vuelo (a San Juan) sale antes que ______________ vuelo.

I **El equipaje.** Complete the conversation with the correct form of *este, ese,* or *aquel.*

—Chefa, ______________ (1) maleta que yo tengo es pequeña. Pero ______________ (2) maleta que tú llevas es grandísima (muy grande).

—¿Tú dices que ______________ (3) maleta que yo tengo es grande? ¿Ves ______________ (4) maleta allá?

—¿De qué maleta estás hablando?

—De la maleta que lleva ______________ (5) señora allá en el mostrador.

—¡Es verdad! ______________ (6) maleta que tú tienes es pequeña comparada con la maleta que lleva ______________ (7) señora.

Nombre ______________________ Fecha ______________

UN POCO MÁS

A **¡A esquiar!** Read the following advertisement from an Argentine newspaper. In a word or two, answer each question according to the ad.

1. What is the name of the travel agency?

   ____

2. How many types of excursions does the travel agency offer?

   ____

3. Is it necessary to have one's own equipment in order to book a trip?

   ____

4. Are there trips for beginners as well as experts?

   ____

5. Is there only one departure each week?

   ____

6. How many departures are there each week?

   ____

7. When do the departures begin?

   ____

8. When do the departures end?

   ____

9. Which ski resort do these trips go to?

   ____

10. In what country is Portillo?

    ____

11. The prices shown are for how many days?

    ____

ESQUÍ

A NIVEL *Cavaliere*

Cavaliere, el operador turístico de nivel internacional

CUATRO CATEGORÍAS

- **Expertos con equipo**
  Incluye profesor de su nivel y provisión de equipo
- **Expertos**
  Igual cobertura, sin la provisión de equipo
- **Futuros**
  Provisión de equipo completo y dos clases diarias con profesor exclusivo para grupos reducidos
- **Niños con escuela de esquí**
  Niños de 3 a 11 años que pasan el día entero a cargo de personal especializado y aprenden jugando. Se incluye pensión completa y provisión de equipo.

CUATRO SALIDAS SEMANALES

Martes, Jueves, Sábados y Domingos
desde el 19 de junio hasta el 23 de octubre

Portillo — 8 días

Expertos c/ equipo	de 39.980 a 52.000
Expertos	de 3l.700 a 51.500
Futuros	de 40.680 a 54.900
Niños / escuela	de 32.900 a 48.300

Cavaliere

lo prometido... y más.
Córdoba 617 primer piso • Res. 658 • 74

MI AUTOBIOGRAFÍA

What is the weather like in your town in the winter? Do you live near the mountains or not? Do you prefer one of the other seasons rather than winter? Tell whether or not you participate in winter sports such as skating or skiing. If you do, tell about your experiences. If you do not, what is your opinion of skating and skiing? Do you think you would like to try them? If not, tell what you prefer to do.

Nombre ______________________ Fecha ______________

CAPÍTULO 10

LA SALUD Y EL MÉDICO

VOCABULARIO

Palabras 1

A **¿Cómo está la persona?** Describe each person's condition according to the illustration.

1. ______________________

2. ______________________

3. ______________________

4. ______________________

5. ______________________

B **Síntomas.** Decide what the illness is.

	la gripe	**un catarro**	**los dos**
1. Está estornando mucho.	________	________	________
2. Tiene fiebre.	________	________	________
3. Tiene dolor de cabeza.	________	________	________
4. Tiene tos.	________	________	________
5. Tiene escalofríos.	________	________	________

Nombre ______________________________ Fecha ____________________

C **¿Cómo está?** Complete each sentence with an appropriate word.

1. Ella está ______________ porque sabe que va a recibir una nota muy buena.
2. Ella está ______________ y quiere dormir.
3. Ella está ______________. Tiene dolor de garganta.
4. Ella está ______________ porque no sabe si su hermano está muy enfermo o no.

Palabras 2

D **La medicina.** Complete each sentence with the appropriate word(s).

1. El médico examina a sus pacientes en el ______________ o en la ______________.
2. El ______________ o la ______________ ayuda al médico.
3. Yo abro la boca cuando el médico me examina la ______________.
4. El médico me da una ______________ para antibióticos.
5. Los medicamentos vienen en forma de ______________ o ______________.
6. El farmacéutico trabaja en la ______________.
7. El/La farmacéutico(a) ______________ los medicamentos.

E **¡Cuánto me duele!** Tell where it hurts, according to the illustrations. Use *me duele.*

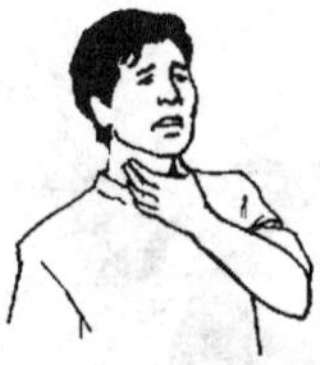

1. ____

____

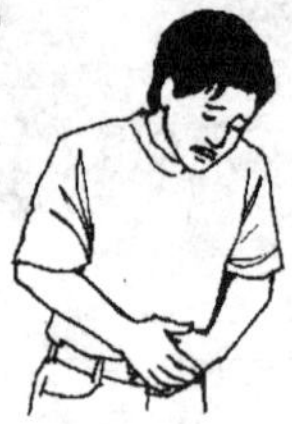

2. ____

____

3. ____

____

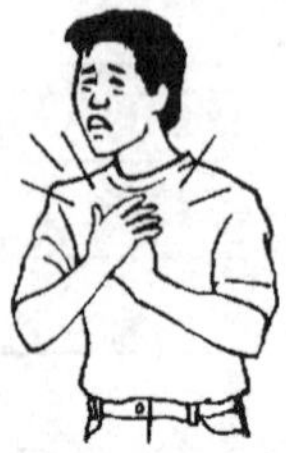

4. ____

____

Nombre ______________________ Fecha ______________

F **El enfermo.** Answer the questions according to the illustration.

1. ¿Está el paciente en el hospital?

____

2. ¿Dónde está?

____

3. ¿Está en cama o no?

____

4. ¿Con quién habla el paciente?

____

G **En el consultorio.** Write sentences telling what the doctor does to you.

1. decir "buenos días" ______________________
2. preguntar qué tengo ______________________
3. examinar ______________________
4. recetar unos medicamentos ______________________
5. dar la receta ______________________
6. explicar la diagnosis ______________________

Nombre ______________________ Fecha ______________

ESTRUCTURA

Ser *y* estar

A **Josefa.** Write sentences about Josefa according to the illustrations. Use *ser* and *estar.*

1. ______________________

2. ______________________

3. ______________________

4. ______________________

B **¿Cómo es? ¿Cómo está?** Form sentences using *ser* or *estar.*

1. María y Tómas / divertidos
____
2. Yo / muy aburrido(a) en mi clase de inglés
____
3. El curso de español / bastante difícil
____
4. Nosotras / cansadas
____
5. Tú / enferma
____

Nombre ______________________ Fecha ______________

C **¿De dónde es? ¿Dónde está?** Look at the maps. The first map tells where the person is from. The second map tells where the person is right now. Write a sentence telling where the person is from and where he/she is now. Use *ser* and *estar.*

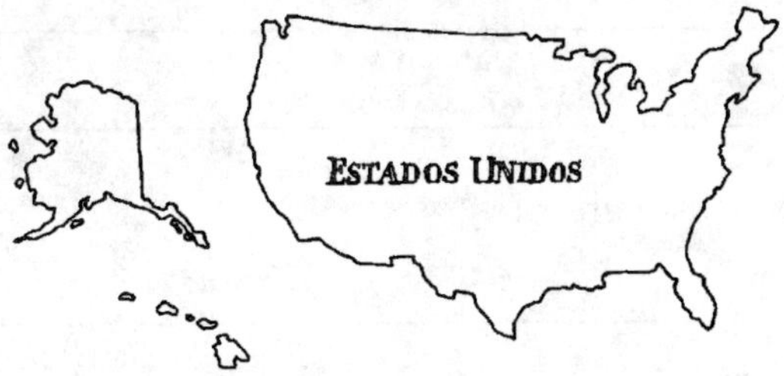

1. Yo ____

____

2. Alberto y Lola ____

____

3. Isabel ____

____

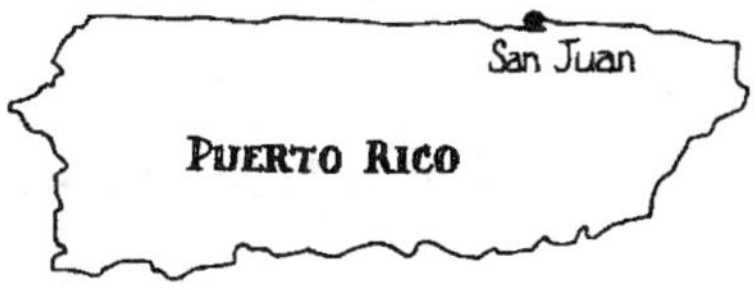

4. Nosotros ____

____

Nombre ________________________ Fecha ______________

D **¿Y tú?** Give your own answers.

1. ¿De dónde eres? ¿Dónde estás ahora?

____

____

2. Tu mamá o tu papá, ¿de dónde es? ¿Dónde está ahora?

____

____

E **La médica.** Complete with the correct forms of *ser* or *estar.*

La médica ______(1)______ muy inteligente. Ella ______(2)______ de Nicaragua. ______(3)______ nicaragüense. Ella ______(4)______ especialista en cirugía. ______(5)______ cirujana. Muchos de sus pacientes ______(6)______ muy enfermos. Pero la doctora García ______(7)______ muy simpática. Ella ______(8)______ muy amable con sus pacientes. Su consultorio ______(9)______ en el hospital mismo. ______(10)______ en la planta baja del hospital. La sala de operaciones ______(11)______ en el mismo edificio que su consultorio.

Los pronombres me, te

F **Al médico.** Answer the following questions.

1. Si estás enfermo(a), ¿te examina el médico?

____

2. ¿Te hace la diagnosis?

____

3. Si tienes dolor de garganta, ¿te receta unas pastillas el médico?

____

4. Carlos, ¿me va a dar una inyección?

____

Nombre ______________________________ Fecha ____________________

UN POCO MÁS

A **Un problema médico.** Read the following article that appeared in *Blanco y Negro*, a magazine in Madrid.

> **Las emociones como enojo, miedo o ansiedad también pueden hacer subir la presión arterial, aprenda a relajarse**
>
> La hipertensión es un problema que nos puede afectar a todos. Cada día en nuestro país, 7.000.000 de personas se enfrentan con el problema de la hipertensión. En general llevan una vida prácticamente normal, evitando los excesos. La fatiga, la ansiedad y las tensiones emocionales, a las que muchas veces nos conduce el estilo de la vida moderna, inciden de forma negativa sobre el organismo, particularmente sobre el del hipertenso, porque puede provocar bruscas (rápidas) alteraciones de la tensión arterial.

B **La tensión arterial.** Complete each sentence according to the article.

1. Este artículo habla del problema de la ____________________.
2. En España ____________________ de personas sufren de hipertensión.
3. Las víctimas de la hipertensión tienen una vida casi ____________________.
4. Pero es necesario evitar los ____________________.
5. Tres factores con consecuencias negativas para la persona con hipertensión son la ____________________, la ____________________ y la ____________________.
6. Estos factores pueden causar alteraciones de la ____________________.

Nombre ______________________ Fecha ______________

C **Los primeros auxilios.** Read the following article that appeared recently in *Vanidades.*

Notas

¿Está al tanto de los últimos inventos?

¡Ambulancias en moto y sillas de azúcar!

LA MEDICINA SE MOTORIZA EN JAPON

El médico llega en motoambulancia

Este invento japonés sirve para reducir el tiempo que le toma a una ambulancia internarse en el tráfico de una ciudad para llegar al lugar donde una persona lesionada requiere primeros auxilios. Conducida por un médico, la motoambulancia Honda contiene un aparato de electrocardiograma, máscara de oxígeno y 50 artículos más, necesarios para dar los primeros auxilios. Debido a su tamaño, puede deslizarse entre los autos a toda velocidad.

En estos momentos hay dos de prueba circulando por las calles de Tokio. Los médicos que las conducen son expertos motociclistas. Aunque no... no dan consultas a los automovilistas en medio del tráfico.

D **El invento.** Choose the word or expression that correctly answers each question.

1. ¿De qué trata este artículo?
   - **a.** de un accidente
   - **b.** de una motoambulancia
   - **c.** de un médico japonés
2. ¿Quiénes inventaron este aparato?
   - **a.** los americanos
   - **b.** los médicos
   - **c.** los japoneses
3. ¿Cómo es la motoambulancia?
   - **a.** pequeña
   - **b.** enorme
   - **c.** grande
4. ¿Cuántas motoambulancias hay en Tokio?
   - **a.** no hay ninguna
   - **b.** hay muchas
   - **c.** sólo hay dos

E **Adivinen.** Figure out the meaning of each of the following.

1. los primeros auxilios ______________________
2. un aparato de electrocardiograma ______________________
3. deslizarse entre los autos ______________________

F **Empleo.** Look at the following employment ad that appeared in a San Juan newspaper.

HOSPITAL SAN CARLOS BORROMEO

SOLICITA ENFERMERAS (OS) GRADUADAS(OS)

Requisitos:
- Licencia provisional o permanente
- Bachillerato o Asociado en Ciencias de Enfermería
- Disponibilidad para turnos rotativos
- Curso de Intensivo

TECNICOS (AS) DE TERAPIA RESPIRATORIA

Requisitos:
- Licencia provisional o permanente
- Disponibilidad para hacer turnos
- Preferiblemente con experiencia

TECNICA DE TRANSCRIPCION

Requisitos:
- Conocimiento de términos médicos de radiología
- Total dominio del inglés
- Maquinilla preferiblemente 1 año de experiencia.

Ofrecemos competentes salarios y amplios beneficios marginales.

Los interesados, favor llamar al **877-8000 ext. 282,** pasar por la Oficina de Personal del Hospital San Carlos o enviar resumé a la siguiente dirección:
Hospital San Carlos Borromeo
BOX 68, Moca, P. R. 00676

"Patrono con igualdad de oportunidades de empleo"

G **Los informes.** Give the following information according to the ad.

1. el nombre del hospital ______________________
2. donde está el hospital ______________________
3. qué busca (solicita, necesita) el hospital ______________________

____

H **Expresiones.** Give the Spanish equivalent for each of the following expressions, according to the ad.

1. equal opportunity employer ______________________
2. good fringe benefits ______________________
3. complete mastery of English ______________________
4. rotating shifts ______________________

Nombre ____________________ Fecha ____________

MI AUTOBIOGRAFÍA

Tell some things about yourself. What makes you happy? What makes you sad? What do you do when you do not feel well? What is the name of your family doctor? Where is his/her office? How often do you see the doctor? Write about some of the minor ailments you get once in a while. Are you a good patient or not? You may want to ask a family member.

Nombre ______________________ Fecha ______________

CAPÍTULO 11

ACTIVIDADES DE VERANO

VOCABULARIO

Palabras 1

A **¿Qué es?** Write the name of each item.

1. ______________________

2. ______________________

3. ______________________

4. ______________________

5. ______________________

6. ______________________

7. ______________________

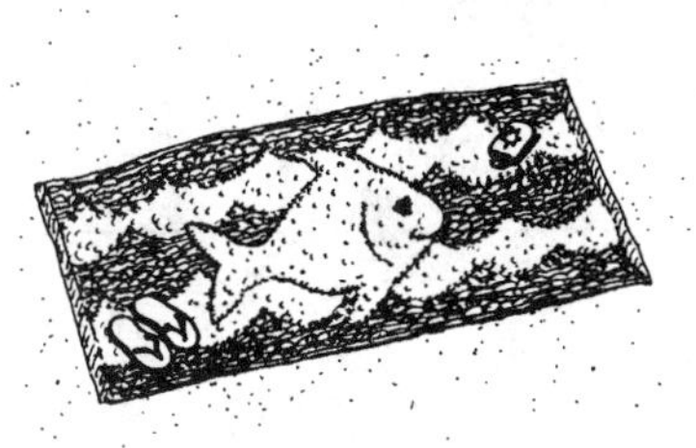

8. ______________________

Nombre ____________________ Fecha ____________________

B **Un día en la playa.** Write sentences telling what Gloria and her friends did on the beach yesterday. Use the illustration as a guide.

1. ____________________
2. ____________________
3. ____________________
4. ____________________
5. ____________________

C **El tiempo en el verano.** Look at the illustration again in Exercise B. Describe the weather.

____

____

____

____

Nombre ______________________ Fecha ______________

D **Una tarjeta postal.** Read Eduardo's postcard. Then answer the questions that follow.

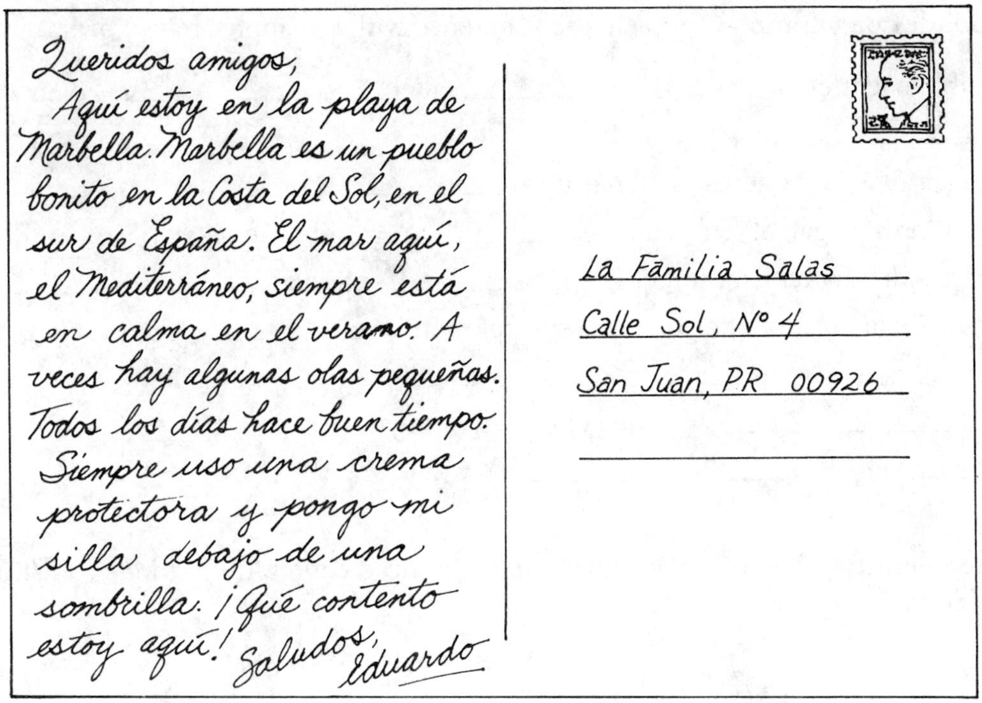
Queridos amigos,
Aquí estoy en la playa de Marbella. Marbella es un pueblo bonito en la Costa del Sol, en el sur de España. El mar aquí, el Mediterráneo, siempre está en calma en el verano. A veces hay algunas olas pequeñas. Todos los días hace buen tiempo. Siempre uso una crema protectora y pongo mi silla debajo de una sombrilla. ¡Qué contento estoy aquí!
Saludos,
Eduardo

La Familia Salas
Calle Sol, Nº 4
San Juan, PR 00926

1. ¿Dónde está Eduardo?

____

2. ¿Dónde está Marbella?

____

3. ¿Marbella está en la costa de qué mar?

____

4. ¿Cómo está el mar Mediterráneo, sobre todo en el verano?

____

5. A veces, ¿qué hay en el mar?

____

6. ¿Qué usa Eduardo?

____

7. ¿Dónde pone su silla Eduardo?

____

Nombre ______________________ Fecha ______________

Palabras 2

E **Actividades de verano.** Complete each sentence with the appropriate word(s).

1. Es posible nadar en la ____________, en el ____________ o en el ____________.
2. Para jugar al tenis, es necesario tener una ____________.
3. Los jugadores juegan al tenis en la ____________ de tenis.
4. Dos partes de una raqueta son el ____________ y la ____________.
5. El jugador o la jugadora de golf pone sus palos en la ____________ de golf.
6. Juegan (al) golf en el ____________ de golf.
7. La ____________ tiene que entrar en el hoyo.
8. El hoyo está en el ____________.

F **Lo que necesito.** For each place illustrated, you need certain things. Make a list of what you need for each place.

1. ______________________

____

____

____

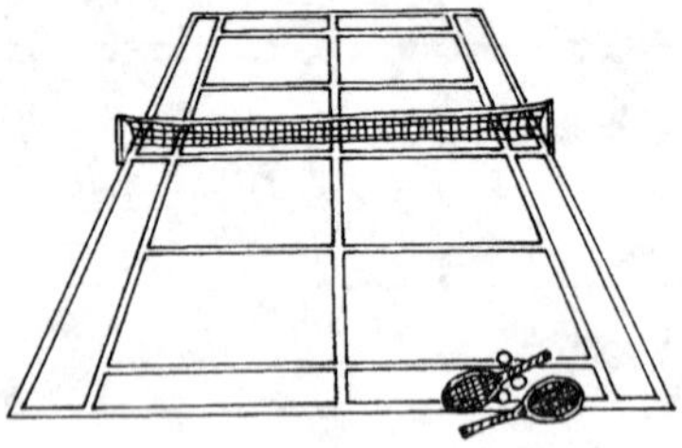

2. ______________________

____

____

____

3. ______________________

____

____

____

Nombre ______________________ Fecha ______________

ESTRUCTURA

El pretérito de los verbos en –ar

A **El verano.** Complete each sentence with the correct preterite forms of the indicated verb.

1. Él ______________ en el mar y yo ______________ en el lago. (esquiar)
2. Ella ______________ en el lago y yo ______________ en la piscina. (nadar)
3. Él ______________ un barquito y yo ______________ una sombrilla. (alquilar)
4. Ella ______________ el día en la playa y yo ______________ el día en casa. (pasar)

B **De compras.** Complete with the correct preterite forms of the indicated verbs.

—¿Qué ______________ (1) tú? (comprar)

—______________ (2) una raqueta. (comprar)

—¿Dónde la ______________ (3)? (comprar)

—La ______________ (4) en una tienda en el centro comercial. (comprar)

—¿Cuánto ______________ (5)? (pagar)

— ______________ (6) cinco mil pesos. (pagar)

C **Una visita al museo.** Rewrite each sentence in the plural.

1. Visitó el museo del Prado.

____

2. Compró billetes reducidos para estudiantes.

____

3. Entró en el museo.

____

4. Miró los cuadros de Goya, Velázquez, El Greco y Murillo. Admiró *Las Meninas* de Velázquez.

____

____

5. Pasó unas tres horas en el museo.

____

D **¿Y Uds.?** Complete each sentence with the correct form of the indicated verb.

1. (llegar)
   Ayer nosotros ____________________ a la escuela a las ocho.
   ¿A qué hora ____________________ Uds.?
2. (hablar)
   Ayer nosotros ____________________ con la profesora de español.
   ¿Con quién ____________________ Uds.?
3. (tomar)
   Nosotros ____________________ un examen.
   ¿En qué clase lo ____________________ Uds.?
4. (tomar)
   Nosotros ____________________ el almuerzo en la cafetería.
   ¿Dónde lo ____________________ Uds.?
5. (jugar)
   Después de las clases, nosotros ____________________ al tenis.
   ¿Cuándo ____________________ Uds.?
6. (pagar)
   Nosotros ____________________ 150 pesos para alquilar la sombrilla.
   ¿Cuánto ____________________ Uds.?

E **Un día en la playa de Marbella.** Complete each sentence with the correct preterite verb ending.

1. Anita tom____________________ el sol.
2. José Luis nad____________________.
3. Yo esqui____________________ en el agua.
4. Maripaz y Nando buce____________________.
5. Y luego todos nosotros tom____________________ un refresco en un café.
6. Yo tom____________________ una limonada.
7. Anita tom____________________ un helado.
8. ¿Y quién pag____________________? Anita pag____________________.
9. Y tú, ¿pas____________________ el día en la playa con tus amigos?
10. ¿No? ¿Uds. no pas____________________ el día en la playa? ¡Qué pena!

Nombre ______________________ Fecha ______________

F **¡Cuidado!** Complete each sentence with the correct preterite forms of the indicated verb.

1. Yo ______________ la guitarra y él la ______________ también. (tocar)
2. Yo ______________ y ella ______________ también. (jugar)
3. Yo ______________ y él ______________ a la misma hora. (llegar)
4. Yo ______________ un tanto y ella ______________ otro. (marcar)
5. Yo ______________ y ella ______________ también. (pagar)
6. Yo ______________ a las ocho y él ______________ a las nueve. (empezar)
7. Yo ______________ una silla y él ______________ una silla también. (buscar)

Los pronombres de complemento directo

G **La playa.** Rewrite each sentence substituting *lo, la, los,* or *las* for the indicated direct object.

1. Teresa compró *la crema protectora.*

____

2. Ella usó *la crema protectora* en la playa.

____

3. Carlos tiene un nuevo bañador. Él compró *el bañador* ayer.

____

4. Los amigos de Carlos y Teresa pasaron un día muy agradable. Pasaron *el día* en la playa.

____

____

5. Ellos esquiaron en el agua. Alquilaron *los esquís* en la playa.

____

6. Rafael usa anteojos de sol. Compró *los anteojos de sol* ayer.

____

7. Yo tomé fotos instantáneas. Tomé *las fotos* en la playa.

____

8. Carmen miró *las fotos.*

____

Nombre ______________________ Fecha ______________

H **¿Adónde vas?** Answer each question. Use object pronouns when possible.

1. ¿Tienes la raqueta? ______________________

   ¿Adónde vas? ______________________

2. ¿Tienes tus bastones? ______________________

   ¿Tienes tus bolas? ______________________

   ¿A qué vas a jugar? ______________________

3. ¿Tienes tu bañador? ______________________

   ¿Qué vas a hacer? ______________________

4. ¿Tienes la pelota? ______________________

   ¿Tienes el bate? ______________________

   ¿Tienes el guante? ______________________

   ¿A qué vas a jugar? ______________________

5. ¿Tienes los esquís? ______________________

   ¿Tienes los bastones? ______________________

   ¿Tienes tus guantes? ______________________

   ¿Tienes tus botas? ______________________

   ¿Qué vas a hacer? ______________________

El pretérito de los verbos ir *y* ser

I **¡Ayer!** Complete each sentence with the correct preterite forms of *ir.*

1. Yo ______________ a la escuela y él también ______________.
2. Yo ______________ al mercado y él también ______________.
3. Yo ______________ a la playa y él también ______________.
4. Yo ______________ al lago y él también ______________.
5. Nosotros ______________ a la piscina y ellos también ______________.
6. Nosotros ______________ al campo de golf y ellos también ______________.
7. Nosotros ______________ a patinar y ellos también ______________.

Nombre ______________________________ Fecha ____________________

UN POCO MÁS

A **Protección.** Read the following advice that appeared in the magazine *Medix.*

LAS GAFAS PARA EL SOL:

¿SABE USTED CUÁL ES LA **PROTECCIÓN** *EXACTA QUE NECESITAN SUS* **OJOS***?*

POR ALEX PEREIRA

No todas las *gafas* o *anteojos para el sol* protegen igualmente sus ojos... Existen algunos que ni siquiera le ofrecen protección. ¡Aprenda a seleccionar correctamente cuáles son los que sus ojos necesitan!

B **Aviso.** What advice is offered in the notice you just read?

____

____

C **Palabras derivadas.** Match each verb in the left column with the corresponding noun in the right column.

1. ______ proteger — **a.** la necesidad
2. ______ necesitar — **b.** la selección
3. ______ existir — **c.** la protección
4. ______ seleccionar — **d.** la existencia

Nombre ______________________ Fecha ______________

D **El tenis.** Read the following article that appeared in the magazine *Vanidades.*

El origen del tenis

La palabra "tenis" — aplicada al popular deporte— viene del árabe "tenetz", una adaptación de la palabra "tenez", que significa "saltar". Y la palabra "raqueta" también viene del árabe, ya que "rahet" significa "en la palma de la mano" y cuando el deporte se inició, los jugadores le daban a la pelota usando la palma de la mano... en vez de utilizar una raqueta, como en nuestros días.

E **Preguntas.** In a word or two, answer the following questions according to the article in Exercise D.

1. ¿Qué es el tenis?

   ____

2. ¿De qué lengua viene la palabra "tenis"?

   ____

3. ¿Viene la palabra "raqueta" de la misma lengua?

   ____

4. Hoy, ¿usan los tenistas la palma de la mano para darle a la pelota?

   ____

5. En vez de usar la palma de la mano, ¿qué usan?

   ____

F **¿Qué quiere decir?** Give the meaning of each of the following words.

1. rahet ______________________
2. tenetz ______________________

Nombre ______________________________ Fecha ____________________

G **Una atleta.** Read the following article that appeared in the magazine *Más*.

Mary Joe Fernández, de 20 anos, nacío en la República Dominicana y es hija de cubana y español. Clasificada entre las siete mejores del mundo, representará a EE UU en sencillos, junto con Jennifer Capriati y Zina Garrison, y será pareja de Gigi Fernández en dobles. Su figura fina engaña. Posee una derecha potente y ha ganado más de $1.9 millones. El futuro la verá desarrollarse de forma aún más impresionante.

H **Mary Joe Fernández.** Complete each sentence according to the article in Exercise G.

1. El deporte de Mary Joe es el ____________________.
2. El padre de Mary Joe es de ____________________.
3. Ella va a jugar dobles con ____________________.
4. Ella recibió más de ____________________ de dólares en premios.
5. Mary Joe nació en la ____________________.

I **¿Dónde dice… ?** Find the word or expression in the article in Exercise G that means the same as each of the following.

1. que Mary Joe es una jugadora excelente

____

2. cómo es el brazo de Mary Joe

____

J **La natación.** Read the following article that appeared in the magazine *Más.*

MARTIN LOPEZ ZUBERO

La fiesta en la piscina Bernat Picornell tendrá sabor americano. Tan buenos son los nadadores de las Américas. Anita Nall, con 16 años, es la plusmarquista mundial en los 200 metros pecho y fácilmente puede robarse el espectáculo. Pero los sueños no conocen fronteras. Martín López Zubero, plusmarquista mundial en los 200 metros espalda, de madre americana y padre aragonés, es la medalla de oro más segura de España. El surinamés Anthony Nesty, campeón olímpico y mundial en los 100 metros, y primer nadador de raza negra en ganar medalla olímpica, representa las esperanzas suramericanas. El más completo de todos es el húngaro Tamas Darnyi. Tuerto del ojo izquierdo, lleva ocho años invicto en los 200 y 400 metros estilo.

K **El anuncio.** Choose the correct answer according to the article in Exercise J.

1. ¿Qué es Bernat Picornell?
   - **a.** un nadador americano
   - **b.** una piscina
   - **c.** un aragonés
2. ¿Qué record tiene López Zubero?
   - **a.** la medalla de oro
   - **b.** 200 metros espalda
   - **c.** España
3. ¿De dónde es la madre de López Zubero?
   - **a.** los Estados Unidos
   - **b.** Aragón
   - **c.** España
4. ¿Cuántos años tiene Anita Nall?
   - **a.** dieciséis
   - **b.** veinte
   - **c.** veinte y dos

L **Adivinen.** Figure it out or guess.

1. How do you say "backstroke?" ____________________
2. How do you say "record holder?" ____________________
3. How do you say "breaststroke?" ____________________

MI AUTOBIOGRAFÍA

Write about the summer weather where you live. Also, write about what you do in the summer. If you swim, tell where. Do you live near a beach? Do you participate in summer sports or do you prefer to be a spectator? Write as much as you can about your summer vacations *(vacaciones)* and your summer activities.

Nombre ______________________ Fecha ______________

CAPÍTULO 12

ACTIVIDADES CULTURALES

VOCABULARIO

Palabras 1

A **En la taquilla del cine.** Complete each sentence according to the illustration.

1. La gente está en la __________ para comprar entradas al __________.
2. Venden (Despachan) las __________ en la taquilla.
3. La gente que quiere entrar en el cine para ver una __________ hace una __________ delante de la taquilla.
4. La próxima __________ empieza a las 8:15.
5. Cerca del cine hay una estación de __________.

B **Lo mismo.** Match the word in the left column with a word that means the same in the right column.

1. _____	la taquilla	a.	la localidad, el boleto, el billete
2. _____	la entrada	b.	la silla, el asiento
3. _____	la película	c.	la ventanilla, la boletería
4. _____	la butaca	d.	la fila
5. _____	la cola	e.	el film, el filme

Nombre ______________________ Fecha ______________

Palabras 2

C **¿Qué es o quién es?** Write the name of each item or person.

1. ______________

2. ______________

3. ______________

4. ______________

5. ______________

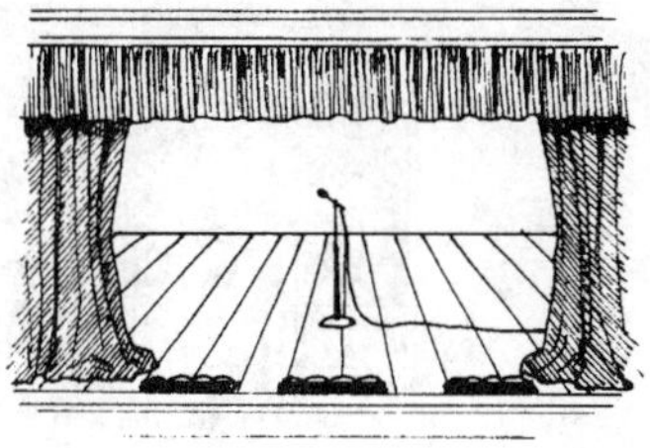

6. ______________

7. ______________

8. ______________

D **El teatro o el cine.** Complete each sentence with the appropriate word(s).

1. En el cine hay una pantalla y en el teatro hay una ______________.
2. En el cine presentan una película y en el teatro dan ______________.
3. En el ______________ los actores y las actrices entran en escena.
4. Los espectadores toman su ______________ en el cine y también en el teatro.
5. Hay tres o más ______________ en el cine en un día, pero en el ______________, no.

Nombre ______________________________ Fecha ________________

E **¿Quién?** Write the name of the person being described.

1. él hace (juega) el papel de un personaje en una obra teatral ____________________
2. ella hace (juega) el papel de un personaje en una obra teatral ____________________
3. él toca un instrumento musical en una orquesta ____________________
4. ella dirige la orquesta ____________________
5. ella hace estatuas ____________________
6. él pinta cuadros ____________________
7. él trabaja en un restaurante ____________________

F **¿Qué es o quién es?** Write the name of each item or person.

1. ____________________ 2. ____________________ 3. ____________________

4. ____________________ 5. ____________________ 6. ____________________

7. ____________________ 8. ____________________

Nombre ______________________ Fecha ______________

G **¿Sí o no?** Tell whether each statement is true or false.

1. ______ El mesero trabaja en un restaurante.
2. ______ Hay una exposición de arte en el cine.
3. ______ Ellos ven una película en la pantalla.
4. ______ Un carro es un medio de transporte.
5. ______ La mesera deja la propina después de la comida.
6. ______ La escultora dio una representación en el cine.
7. ______ Un menú es una lista de los platos (las comidas).
8. ______ Los músicos tocan instrumentos en una orquesta.
9. ______ Los espectadores aplauden después del espectáculo musical.
10. ______ Los artistas pintaron el mural.
11. ______ Antes de entrar en el teatro hay que comprar una taquilla.
12. ______ Vimos los cuadros de Velázquez en la pantalla.
13. ______ Un documental es un tipo de película.

H **Unas preguntas.** Make up a question about each statement. Use the indicated words as a guide.

1. Alejandra salió *anoche.*

____

2. Ella salió *con una amiga.*

____

3. Ellas vieron *una película* en el Cine Imperial.

____

4. Ellas pagaron *cuatro dólares* por las entradas.

____

5. Luego comieron *en un restaurante.*

____

6. Ellas comieron *muy bien.*

____

7. Volvieron a casa *a las diez y media de la noche.*

____

ESTRUCTURA

El pretérito de los verbos en –er e –ir

A **Una carta a un(a) amigo(a).** Write a friend a short letter. Tell him or her: you went out last night, you saw a good movie, you saw the movie at the *Cine Rex,* afterwards you ate at a restaurant, you returned home at 10:30.

B **Otra carta.** Rewrite the letter from Exercise A. Tell your friend what you and Guillermo did.

Nombre ______________________ Fecha ______________

C **El entremetido.** Complete each sentence with the correct preterite form(s) of the indicated verb(s).

1. Carlos ______________ anoche y no ______________ hasta las once. (salir, volver)
2. Él y sus amigos ______________ una película. (ver)
3. Ellos la ______________ en inglés. (ver)
4. Carlos, ¿______________ (tú) la película que ______________ en inglés? (comprender, ver)
5. ¡Oye, hombre! ¿Por qué me preguntas? Claro que yo la ______________. (comprender)
6. No te quiero insultar. Pero, ¿tú ______________ bastante inglés en la escuela para comprender una película americana? (aprender)
7. Pues, sí. Yo ______________ mucho inglés. (aprender)
8. Yo ______________ muy buenas notas en la clase de inglés. (recibir)
9. ¿A qué hora ______________ Uds. del cine? (salir)
10. Pues, nosotros ______________ a eso de las nueve y media. (salir)
11. Si Uds. ______________ a las nueve y media, ¿por qué no ______________ (tú) a casa hasta las once? (salir, volver)
12. Tú haces muchas preguntas, ¿sabes? Pero te voy a contestar. Todos nosotros ______________ ir a comer algo en la cafetería Fénix. (decidir)
13. No te voy a preguntar lo que ______________. (comer)
14. Y, ¿por qué no me preguntas con quien yo ______________? (salir)

D **Ayer.** Rewrite each sentence using *ayer.* Make all necessary changes.

1. Yo veo una película de horror.

____

2. Los actores dan una representación de *El Sombrero de Tres Picos.*

____

3. ¿A qué hora salen Uds.?

____

4. ¿Aplaudes después del concierto?

____

Nombre ______________________________ Fecha ____________________

Los complementos indirectos le, les

E **La carta.** Complete with *le, les, lo, la, los,* or *las.* Be careful in deciding whether you need a direct object or an indirect object.

TERESA: Esta noche ______(1) tengo que escribir una carta a Carmen.

ALEJANDRO: ¿______(2) tienes que escribir? ¿Por qué?

TERESA: ¿Pues, yo recibí una carta de ella.

ALEJANDRO: ¿Ah, sí? ¿Cuándo ______(3) recibiste?

TERESA: ______(4) recibí la semana pasada.

ALEJANDRO: Pues, sí. Es verdad que ______(5) tienes que escribir. ¿Qué ______(6) vas a decir?

TERESA: ______(7) tengo que decir que no puedo asistir a su fiesta.

ALEJANDRO: ¿A su fiesta?

TERESA: Sí, sus padres ______(8) van a dar una fiesta en honor del día de su santo.

ALEJANDRO: ¿______(9) escribiste a sus padres también?

TERESA: No. ¿Por qué me preguntas?

ALEJANDRO: Pues, si no puedes asistir a la fiesta, ______(10) debes presentar tus excusas a sus padres también.

TERESA: Tienes razón. Luego ______(11) voy a escribir una carta a Carmen y ______(12) voy a escribir otra a sus padres.

F **Los complementos.** Rewrite each sentence substituting a pronoun for the indicated object.

1. Ellos vieron *la película* en el cine.

____

2. Tomás dio la invitación *a sus amigos.*

____

3. El profesor habló *al estudiante* en español.

____

Nombre ______________________ Fecha ______________

UN POCO MÁS

A **Los favoritos.** The magazine *Eres,* published in Mexico, had a survey recently to determine people's favorite stars, shows, etc. Prizes were offered to those who responded. Read the following questionnaire. Vote for your favorites.

MÚSICA

☆ Mejor disco ______________________

☆ Mejor cantante (él) ______________________

☆ Mejor cantante (ella) ______________________

☆ Mejor grupo pop ______________________

☆ Mejor grupo de rock ______________________

☆ Mejor grupo tropical ______________________

☆ Mejor grupo norteño ______________________

☆ Mejor show (él) ______________________

☆ Mejor show (ella) ______________________

CINE

☆ Mejor película ______________________

TEATRO

☆ Mejor obra dramática ______________________

☆ Mejor obra musical ______________________

☆ Mejor director ______________________

☆ Mejor actor ______________________

☆ Mejor acrtiz ______________________

☆ Mejor actor coestelar ______________________

☆ Mejor actriz coestelar ______________________

RADIO

☆ Mejor programa ______________________

☆ Mejor locutor ______________________

☆ Mejor comercial ______________________

TELEVISIÓN

☆ Mejor telenovela ______________________

☆ Mejor director ______________________

☆ Mejor productor(a) ______________________

☆ Mejor actor ______________________

☆ Mejor actriz ______________________

☆ Mejor actor coestelar ______________________

☆ Mejor actriz coestelar ______________________

☆ Mejor tema musical ______________________

☆ Mejor programa semanal ______________________

Nombre: ______________________ **Ocupación:** ____________

Dirección: ______________________ **Edad:** ____________

¡Contesta rápidamente!, y envía tu carta a:

EDITORIAL ERES, LOS PREMIOS ERES, Apartado postal 5-733 y-750, C.P. 06500, México, D.F.

Nombre ______________________________ Fecha ____________________

B **Una actividad cultural.** Read the following ad that appeared in *El Nuevo Día,* a newspaper in San Juan, Puerto Rico.

C **Los detalles.** In a word or two, answer the questions according to the ad you just read.

1. ¿Qué se va a presentar? ______________________________
2. ¿Cuándo? ______________________________
3. ¿Dónde? ______________________________
4. ¿Cuánto es la entrada en la planta alta? ______________________________
5. ¿Y en la planta baja? ______________________________

D **Expliquen.** Explain what is different or unusual about the concert.

____

____

Nombre ______________________ Fecha ______________________

E **¿Quién es?** The following article appeared in the magazine *Vanidades*. As you read the article, try to guess who the article is about before you finish it.

EN LA IMAGEN DE LA DERECHA LE VEMOS DE BEBE, Y EN LA INFERIOR, JUNTO CON SU FAMILIA EN EUROPA.

ADIVINE QUIEN ES...

Quizás no note su parecido en la foto en la que aparece de bebé, pero en la que está con su familia, ya podemos vislumbrar sus rasgos ¿Profesión? Tenor. ¿Nacionalidad? Española. Su apellido es como un día de la semana, y su nombre, es un adjetivo que le viene muy bien al apellido. Famoso, y tiene el mérito de haber hecho que la juventud mundial se interese de nuevo por la ópera. Es... ¡Plácido Domingo...!

Nombre ______________________________ Fecha ____________________

MI AUTOBIOGRAFÍA

Everyone gets involved in different cultural activities. Write about a cultural activity that interests you and mention others that you do not have any interest in. Do you watch a lot of television? What programs do you watch? Write about what types of movies you like. Do you go to the movies often? Who are your favorite movie stars? Do you enjoy the arts? If so, write about those that interest you most.

Nombre ______________________________ Fecha ____________________

SELF-TEST 3

A Write the name of each item or person.

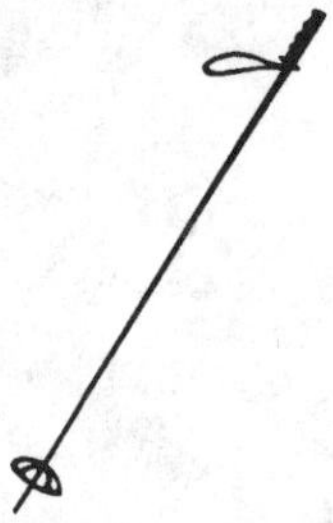

1. ____________________

2. ____________________

3. ____________________

4. ____________________

5. ____________________

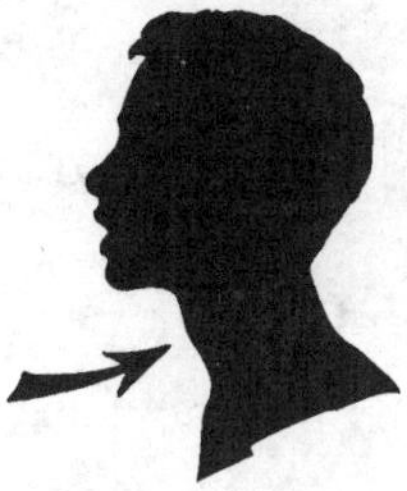

6. ____________________

7. ____________________

8. ____________________

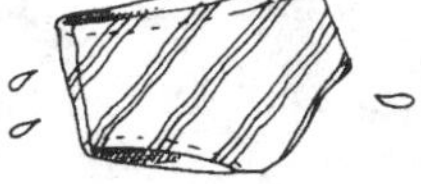

9. ____________________

10. ____________________

11. ____________________

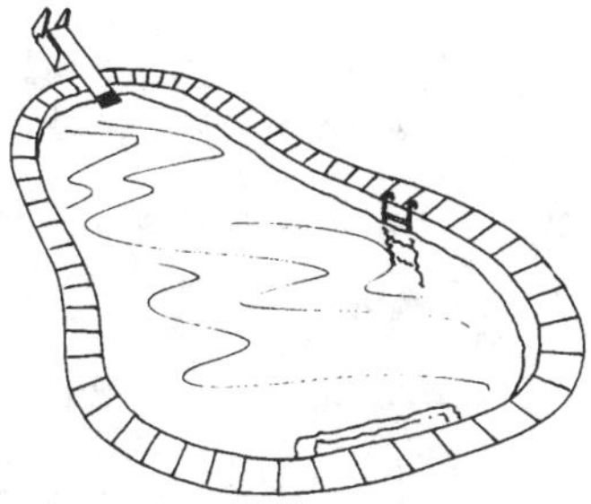

12. ____________________

Nombre ______________________________ Fecha ____________________

B Match the word in the left column with its opposite in the right column.

1.	______	bajar	a.	alquilar
2.	______	el invierno	b.	el verano
3.	______	frío	c.	enfermo
4.	______	el patinaje sobre hielo	d.	subir
5.	______	contento	e.	calor
6.	______	bien	f.	ayer
7.	______	comprar	g.	el patinaje sobre ruedas
8.	______	hay sol	h.	volver
9.	______	hoy	i.	triste
10.	______	salir	j.	está nublado

C Choose an appropriate expression in the right column to match each verb in the left column.

1.	bajar ______________________	tenis
2.	subir ______________________	enfermo
3.	estar ______________________	una propina
4.	tener ______________________	la pista
5.	abrir ______________________	la gripe
6.	tomar ______________________	en el telesquí
7.	jugar ______________________	una película
8.	pagar ______________________	la boca
9.	dejar ______________________	la cuenta
10.	ver ______________________	medicamento, medicina

D Complete each sentence with the appropriate word(s).

1. Ellos ________________ en el verano y esquían en el ________________.
2. Los ________________ suben la montaña en el ________________.
3. Él estornuda mucho porque tiene ________________.
4. Cuando uno tiene fiebre, frecuentemente tiene dolor de ________________ también.
5. El paciente ________________ la boca cuando el médico le examina la ________________.
6. El médico ________________ los medicamentos y el ________________ los despacha.
7. Cuando hay nubes, no hay ________________. Está ________________.
8. El ________________ es un tipo de tren subterráneo que corre debajo de la tierra.

Nombre ______________________ Fecha ______________

E Complete each sentence with the correct form of *saber* or *conocer.*

1. Yo ______________ a Roberto.
2. Yo ______________ donde vive.
3. Él ______________ mi número de teléfono.
4. Yo ______________ que Roberto ______________ muy bien la literatura española.

F Complete each sentence with the correct form of *ser* or *estar.*

1. Madrid ______________ en España.
2. Madrid ______________ la capital de España.
3. La ciudad ______________ grande.
4. Mi amiga Sandra ______________ de Madrid.
5. Ella siempre ______________ contenta.
6. Ella ______________ alta y rubia.
7. Su casa ______________ en el barrio Salamanca.

G Complete each sentence with the correct form of *decir.*

1. Yo ______________ la verdad.
2. Él ______________ que va a salir.
3. Nosotros ______________ la misma cosa.
4. ¿Y qué ______________ Uds.?

H Complete each sentence with the correct pronoun: *me, te, nos, le, les, lo, la, los, las.*

1. ¿______________ examina el médico?
   Sí, me examina en su consultorio.
2. ¿Les hablan a Uds. sus amigos?
   Sí, ellos ______________ hablan.
3. ¿Le hablaste a Juan?
   Sí, ______________ hablé.
4. ¿Viste a María?
   Sí, ______________ vi.
5. ¿Lee Juan el periódico?
   Sí, ______________ lee.
6. ¿Miras las fotografías?
   Sí, ______________ miro.

Nombre ______________________ Fecha ______________

I Rewrite each sentence in the preterite.

1. Yo nado en el mar.

____

2. Mis amigos bucean.

____

3. ¿Alquilas un barco?

____

4. ¿Toman Uds. el sol?

____

5. ¿Usas una crema protectora?

____

6. Ellos suben la montaña en el telesquí.

____

7. Yo pierdo mis gafas.

____

8. ¿Comes mucho?

____

9. ¿Quién te da las lecciones?

____

10. Veo la película.

____

11. Juego (al) fútbol.

____

12. Ya empiezo.

____

Nombre ______________________ Fecha ______________

J Choose the correct response.

1. ¿Cómo suben la montaña?
   a. en la taquilla
   b. en el metro
   c. en el telesilla

2. ¿Dónde hay estaciones de esquí?
   a. en Puerto Rico
   b. en todos los países hispanos
   c. en España, Chile y la Argentina

3. ¿Qué montañas están al norte de Madrid?
   a. la sierra de Guadarrama
   b. la sierra Nevada
   c. los Andes

4. ¿Qué están presentando en el Cine Liceo?
   a. una película de horror
   b. la obra de un dramaturgo contemporáneo
   c. una exposición de arte moderno

5. ¿Qué pinta el artista?
   a. una estatua en bronce
   b. un cuadro
   c. una exposición

K Tell whether each statement is true or false.

1. ______ La manía por los ejercicios físicos existe más en los países hispanos que en los Estados Unidos.
2. ______ El SIDA es un problema médico serio.
3. ______ Cuando es el invierno en el hemisferio norte es el verano en el hemisferio sur.
4. ______ Hay muchas playas fantásticas en muchas partes del mundo hispano.

Answers appear on pages 179–180.

Nombre ________________________ Fecha ________________

CAPÍTULO
13

LA ROPA Y LA MODA

VOCABULARIO

Palabras 1

A **La tienda de ropa para caballeros.** Write the name of each item in the illustration.

1. ______________ 5. ______________
2. ______________ 6. ______________
3. ______________ 7. ______________
4. ______________ 8. ______________

B **De compras.** Complete each sentence with the appropriate word(s).

1. Roberto no paga con un cheque. Paga con una ______________.
2. Él paga en la ______________.
3. En la tienda él compra un par de ______________.
4. Los tenis no cuestan mucho. No son muy ______________. Son bastante ______________.
5. Los tenis le ______________ bien. No son ni grandes ni pequeños.

Nombre ______________________________ Fecha ____________________

Palabras 2

C **¿Qué es?** Write the name of each item.

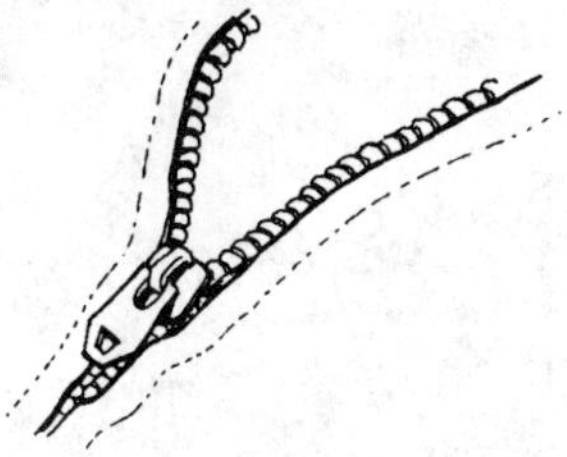

1. ____________ 2. ____________ 3. ____________

D **Lo contrario.** Write the opposite of each of the following.

1. corto ____________
2. grande ____________
3. ancho ____________
4. caro ____________
5. me aprieta ____________
6. el dependiente ____________
7. blanco ____________
8. alto ____________

E **Lo mismo.** Rewrite each sentence using another expression that means the same as the indicated expression.

1. Esta camisa *me queda* bien.

____

2. Este pantalón tiene *zíper.*

____

3. Es *una chaqueta* a cuadros.

____

4. ¿Cuál es su *talla?*

____

F **Para señoras y señores.** List five articles of clothing worn by both men and women.

1. ____________________
2. ____________________
3. ____________________
4. ____________________
5. ____________________

G **Para señores.** Describe the outfits Eugenio and Paco are wearing in the following illustration.

____

____

____

____

H **Para señoras.** Describe the outfits Virginia and Adela are wearing in the following illustration.

____

____

____

____

Nombre ______________________ Fecha ______________

ESTRUCTURA

Verbos como interesar *y* aburrir

A **¿A quién le interesa?** Write sentences according to the model.

Juan dice que la historia es interesante.
A Juan le interesa la historia.

1. Yo digo que la historia es interesante.

____

2. Nosotros decimos que la historia es interesante.

____

3. Roberto dice que la historia es interesante.

____

4. Teresa dice que la historia es interesante.

____

5. ¿Dices que la historia es interesante?

____

6. Ellos dicen que la historia es interesante.

____

B **¿A quién le aburre?** Write sentences according to the model.

Yo encuentro las novelas policíacas muy aburridas.
Las novelas policíacas me aburren.

1. Juan encuentra las telenovelas muy aburridas.

____

2. Encontramos las ciencias muy aburridas.

____

3. Ellos encuentran estas conversaciones muy aburridas.

____

4. ¿Encuentras sus conversaciones aburridas?

____

Nombre ______________________ Fecha ______________

El verbo gustar

C **La verdad es que nos encanta.** Rewrite each sentence changing *gustar* to *encantar.*

1. Me gusta esta camisa.

____

2. A Juan le gustan los tenis.

____

3. ¿Te gusta el color azul marino?

____

4. Nos gusta el estilo "sport".

____

5. A ellos les gustan los blue jeans.

____

D **Lo quiero porque me gusta.** Answer each question according to the model.

¿Quieres esta camisa?
Sí, la quiero. Me gusta.

1. ¿Quieres estas medias?

____

2. ¿Quieres estos tenis?

____

3. ¿María quiere esta blusa?

____

4. ¿Carlos quiere estos zapatos?

____

5. ¿Quieren Uds. este saco?

____

6. ¿Quieren Uds. estos pantalones?

____

E **Lo que me gusta hacer.** Write five things you like to do.

1. ____________________
2. ____________________
3. ____________________
4. ____________________
5. ____________________

F **¿Por qué no?** Write five things you do not like and tell why.

1. ____________________
2. ____________________
3. ____________________
4. ____________________
5. ____________________

G **¿Por qué?** Write five things you like and tell why.

1. ____________________
2. ____________________
3. ____________________
4. ____________________
5. ____________________

Las palabras negativas y afirmativas

H **Lo contrario.** Match the word in the left column with its opposite in the right column.

1. ______	siempre	**a.**	nadie
2. ______	algo	**b.**	no
3. ______	alguien	**c.**	nunca
4. ______	sí	**d.**	nada
5. ______	o	**e.**	tampoco
6. ______	también	**f.**	y yo también
7. ______	ni yo tampoco	**g.**	ni

Nombre ______________________ Fecha ______________

I **En la forma negativa.** Rewrite each sentence in the negative.

1. Él tiene algo en la mano.

____

2. Alguien lo conoce.

____

3. Yo siempre voy allí.

____

4. ¿Tiene él pesos o sucres?

____

5. Yo siempre leo algo.

____

6. Anita quiere algo también.

____

7. Nosotros vemos a alguien.

____

J **¿Por qué?** Write six original sentences in the negative.

1. ___________________________
2. ___________________________
3. ___________________________
4. ___________________________
5. ___________________________
6. ___________________________

Nombre ______________________________ Fecha ____________________

UN POCO MÁS

A **Una entrevista.** En España y en Latinoamérica hay muchas revistas para los jóvenes como Uds. En las revistas hay artículos sobre la moda, los deportes, los intereses y los gustos de los jóvenes. A veces en estas revistas hay una entrevista con una persona famosa. Aquí tenemos una entrevista que apareció recientemente en una revista mexicana.

Nombre completo	Ángel Ibarra de Solís
Edad	18 años
Estatura	1.85 metros
Peso	como 66 kilos
Talla	30 con cinturón. El 29 me queda apretado.
Fecha de nacimiento	8 de septiembre
Signo de zodíaco	Virgo: Me gusta ser Virgo porque tengo muchos amigos y amigas que son Virgo.
Lugar de nacimiento	México, D.F.
Carácter	Soy calmado por lo general, me gusta comprender a la gente pero también me enoja la gente cuando hacen cosas que no comprendo.
Comida preferida	Me gustan las pizzas y el pollo.
Ropa preferida	Un blue jean de denim, una camisa amplia y un blazer
Mayor defecto	A veces hablo cuando no debo.
Mayor cualidad	Soy muy organizado.
La cocina	Me gusta y la hago muy bien.
Músicos que admira	Mozart, Sting y Petruco, un guitarrista mexicano excelente
Lo que más me molesta	Me molestan la ignorancia y la hipocresía.
Pasatiempos	Ver películas, salir los fines de semana y sobre todo ir a San Miguel de Allende a tocar con una banda
Deporte favorito	Mi prioridad es ser músico, después, detective y después futbolista.
Lo que más me gusta	La expresión de los ojos

B **Preguntas.** Answer the questions based on the preceding magazine article.

1. ¿Cuál es la talla del cinturón de Ángel?

____

2. ¿Cómo le queda el 29?

____

3. ¿Por qué le gusta ser Virgo?

____

Nombre ______________________ Fecha ______________

4. ¿Cuándo le enoja la gente?

____

5. A Ángel, ¿qué comidas le gustan?

____

6. ¿Le gusta la cocina?

____

7. ¿Cuáles son algunas cosas que le molestan?

____

C **Una entrevista personal.** Change *Nombre completo* in the preceding article to your own name and then complete with personal information.

Nombre completo ______________________

Edad ______________________

Estatura ______________________

Peso ______________________

Talla ______________________

Fecha de nacimiento ______________________

Signo de zodíaco ______________________

Lugar de nacimiento ______________________

Carácter ______________________

Comida preferida ______________________

Ropa preferida ______________________

Mayor defecto ______________________

Mayor cualidad ______________________

La cocina ______________________

Músicos que admiro ______________________

Lo que más me molesta ______________________

Pasatiempos ______________________

Deporte favorito ______________________

Lo que más me gusta ______________________

Nombre ______________________ Fecha ______________

MI AUTOBIOGRAFÍA

Some people love to shop for clothes and others do not. Write about yourself. If you like to shop for clothes, tell about your shopping habits. What kind of stores do you go to, etc.? If you do not like shopping, tell why not. Tell what kinds of clothes you like and those that you do not like. You may want to include your present sizes for certain articles of clothing. Describe your favorite outfit.

Nombre ______________________ Fecha ______________

CAPÍTULO 14

UN VIAJE EN TREN

VOCABULARIO

Palabras 1

A **¿Qué es o quién es?** Write the name of each item or person.

1. ______________

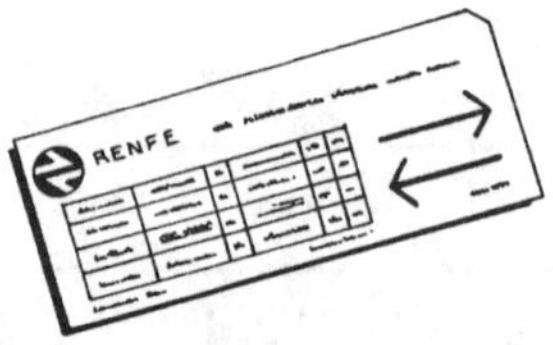

2. ______________

3. ______________

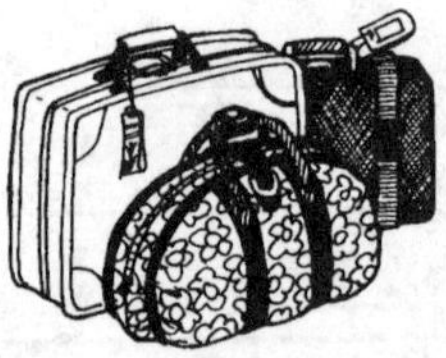

4. ______________

5. ______________

6. ______________

7. ______________

8. ______________

9. ______________

Nombre ______________________ Fecha ______________

B **En el andén.** Write five sentences about the illustration.

1. ______________________________
2. ______________________________
3. ______________________________
4. ______________________________
5. ______________________________

Palabras 2

C **Lo contrario.** Match the word or expression in the left column with its opposite in the right column.

1. ______	subir al tren	a.	tarde
2. ______	libre	b.	bajar del tren
3. ______	a tiempo	c.	el billete sencillo
4. ______	el billete de ida y vuelta	d.	la llegada
5. ______	la salida	e.	ocupado

D **El sinónimo.** Match the word or expression in the left column with a word or expression that means the same in the right column.

1. ______	el mozo	a.	la boletería
2. ______	la ventanilla	b.	cambiar de tren
3. ______	el vagón	c.	con una demora
4. ______	el billete	d.	el maletero
5. ______	transbordar	e.	el boleto
6. ______	con retraso	f.	el coche

Nombre ______________________ Fecha ______________

E **Frases originales.** Write an original sentence according to each illustration.

1. ______________________

2. ______________________

3. ______________________

4. ______________________

5. ______________________

6. ______________________

Nombre ______________________ Fecha ______________

ESTRUCTURA

El pretérito de los verbos hacer, querer *y* venir

A **En el pasado.** Rewrite each sentence in the preterite.

1. No lo quiero hacer.

   ____

2. No lo hago.

   ____

3. No vengo.

   ____

4. ¿Por qué no lo quieres hacer?

   ____

5. ¿Uds. no lo hacen?

   ____

6. ¿Por qué no vienen?

   ____

7. Nosotros lo hacemos a tiempo.

   ____

El pretérito de otros verbos irregulares

B **Un accidente, pero no serio.** Complete each sentence with the correct preterite form(s) of the indicated verb(s).

1. Unos cien pasajeros ______________ a bordo del tren cuando ______________ lugar (ocurrió) el accidente. (estar, tener)
2. Nosotros no ______________ nada del accidente. (saber)
3. Como Uds. no ______________ nada, no ______________ hacer nada, ¿verdad? (saber, poder)
4. Exactamente. Pero cuando ellos no llegaron a mi casa, yo ______________ una llamada telefónica. (hacer)
5. Pero yo ______________ que esperar mucho tiempo para saber algo porque nadie contestó el (al) teléfono. (tener)

Nombre ____________________ Fecha ____________________

C **Un viaje por España.** Complete each sentence with the correct preterite form(s) of the indicated verb(s).

1. Ellos ____________ un viaje a España. (hacer)
2. Ellos ____________ por todo el país. (andar)
3. Desgraciadamente no ____________ ir a Galicia en el noroeste porque no ____________ bastante tiempo. (poder, tener)
4. Ellos ____________ casi un mes entero en Andalucía, en el sur. (estar)

D **El tren.** Rewrite each sentence in the preterite.

1. Yo hago un viaje con mi hermana.

____

2. Hacemos el viaje en tren.

____

3. No queremos hacer el viaje en coche.

____

4. El tren está completo.

____

5. Nosotros no podemos encontrar un asiento libre.

____

6. Nosotros estamos de pie en el pasillo.

____

7. Nosotros tenemos que transbordar en Segovia.

____

8. Podemos encontrar un asiento libre en el otro tren.

____

9. Estamos muy cómodos en este tren.

____

Nombre ____________________ Fecha ____________

UN POCO MÁS

A **El tren en Costa Rica.** Read the following about a train line in Costa Rica.

El tren que va de San José a Puerto Limón en Costa Rica se debe a Henry Meiggs, un norteamericano legendario. Meiggs fue responsable de la construcción del Ferrocarril Central en los Andes del Perú. El gobierno de Costa Rica invitó a Meiggs a construir un ferrocarril de Puerto Limón a la capital. Meiggs hizo responsable de la obra a su sobrino, Minor C. Keith. Terminaron la construcción en 1891. Keith construyó el ferrocarril y también desarrolló la industria bananera en Costa Rica. Él fue uno de los fundadores de la United Fruit Company en 1899.

B **Los detalles.** Answer each question according to the reading.

1. ¿Qué ciudades enlaza el tren?

____

2. ¿Quién fue Henry Meiggs?

____

3. ¿Quién fue Minor C. Keith?

____

4. ¿Quién construyó el ferrocarril de Costa Rica?

____

5. ¿Qué desarrolló *(developed)* Keith?

____

6. ¿Qué compañía fundó?

____

7. ¿Cuándo la fundó?

____

Nombre ______________________________ Fecha ____________________

C **Los moros.** In Toledo many tourists visit the *Alcázar*, an Arab palace. Toledo is just one of many areas in Spain where one can find a great deal of Moorish or Arab influence. Read the following to find out why these influences are present.

Si miramos un mapa podemos ver que España está muy cerca del norte de África. En los países del norte de África viven los moros o los árabes. En el año 711 los árabes invadieron a España. Ocuparon casi todo el país y no salieron hasta 1492. Después de ocho siglos de ocupación árabe, hay mucha influencia mora o musulmana en España.

D **Preguntas.** Answer each question according to the reading in Exercise C.

1. ¿España está cerca de qué continente?

____

2. ¿Quiénes vivieron en los países del norte de África?

____

3. ¿En qué año invadieron los árabes a España?

____

4. ¿En qué año salieron los árabes de España?

____

5. ¿Cuántos siglos estuvieron los árabes en España?

____

E **Palabras afines.** Find eight cognates used in the reading in Exercise C about the Moorish influence in Spain.

1. ______________ 5. ______________
2. ______________ 6. ______________
3. ______________ 7. ______________
4. ______________ 8. ______________

F **Adivinen.** There are two other words used in the reading that you might not know. They are not cognates, but you can guess what they mean from the way they are used in the sentence. Choose the correct word(s) to complete each statement.

1. *Cerca de* means ______.
   a. near
   b. far away
   c. circle

2. *Siglo* means ______.
   a. year
   b. month
   c. century

G **Palabras árabes.** Read the following information.

Note that the word *alcázar* begins with *al-*. One of the interesting things about languages is that they will very often borrow words from another language. After eight centuries of Moorish occupation, quite a few Arabic words found their way into the Spanish language. Most of the Arabic words used in Spanish begin with *al-*. Here are some other examples:

Spanish	Arabic
la almohada	*al muhadda*
el alcalde	*al qadi*

H **Influencia griega.** Read the following information.

Before the invasion of the Moors, the Greeks also occupied a part of Spain. There are also some words of Greek origin that are used in Spanish. Most of the words of Greek origin resemble English words as well. However, these words do not follow the usual pattern in Spanish. They end in -a, but are masculine nouns and take masculine articles and adjectives. This is because the -a ending in Greek is a masculine, not a feminine ending.

I **Palabras griegas.** Here are some words of Greek origin. Would you have any difficulty guessing the meaning of each?

el mapa	el sistema
el drama	el poema
el programa	el clima

Nombre ______________________ Fecha ______________

MI AUTOBIOGRAFÍA

Do you ever travel by train? If so, tell about one of your train trips. If you have never taken a train trip, make one up. Imagine you are traveling by train in Spain and write something about your trip. Tell whether or not you think train travel is interesting. If you never travel by train, explain why you don't.

Nombre ______________________ Fecha ______________

CAPÍTULO 15

EN EL RESTAURANTE

VOCABULARIO

Palabras 1

A **Voy a poner la mesa.** Write a list of the things you need to set the dinner table.

____

____

____

____

B **¿Quién es?** Write the name of the person being described.

1. el que prepara la comida, el que cocina ______________
2. el que sirve a los clientes en el restaurante ______________
3. el que come en el restaurante ______________
4. el que pide el menú ______________
5. el que trae el menú ______________
6. el que deja la propina ______________
7. el que recibe la propina ______________
8. el que le trae la cuenta ______________
9. el que pide y paga la cuenta ______________

C **¿Sí o no?** Tell whether each statement is true or false.

1. ______ Muchas veces puedes pagar la cuenta con una tarjeta de crédito.
2. ______ Bebes mucho si tienes hambre.
3. ______ El mesero prepara las papas.
4. ______ El menú es una lista de los platos que sirven en el restaurante.
5. ______ Si usas demasiada sal, vas a tener mucha sed.
6. ______ El mesero sirve la comida en una taza.

Nombre ______________________ Fecha ______________

Palabras 2

D **¿Qué es?** Write the name of each item.

1. ______________

2. ______________

3. ______________

4. ______________

5. ______________

6. ______________

7. ______________

8. ______________

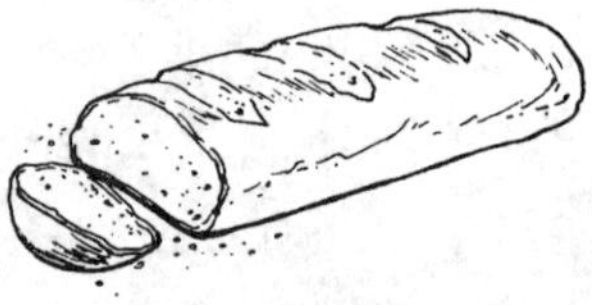

9. ______________

E **Lo que yo quisiera comer.** Prepare a menu that would please you.

____

____

____

____

____

Nombre ______________________________ Fecha ________________

ESTRUCTURA

El presente de los verbos con el cambio **e > i**

A **Yo no, todos nosotros.** Rewrite each sentence in the plural *(nosotros).*

1. Yo pido una ensalada.

____

2. Yo sirvo muchas verduras.

____

3. Yo sigo un régimen.

____

4. Yo no frío casi nada.

____

B **En el restaurante.** Complete each sentence with the correct present tense form(s) of the indicated verb(s).

1. El mesero les ________________ a los clientes lo que ellos le ________________. (servir, pedir)
2. Si el cliente ________________ papas fritas, el cocinero las ________________. (pedir, freír)
3. A veces si hay un plato que me gusta mucho, yo lo ________________ otra vez. (pedir)
4. Si el mesero me ________________ bien, yo le dejo una propina. (servir)

C **¿Qué le gusta?** Answer the questions according to the model.

¿Le gusta a Juanita el pollo?
Sí, y siempre lo pide.

1. ¿Te gustan los huevos fritos?

____

2. ¿Les gusta a Uds. la ensalada con aceite y vinagre?

____

3. ¿Les gusta a Carlos y a Felipe el biftec a término medio?

____

Nombre ______________________ Fecha ______________

El pretérito de los verbos con el cambio e > i, o > u

D **En el pasado.** Rewrite each sentence in the preterite.

1. Yo como lo que pido.

____

2. Él me sirve lo que pido.

____

3. Él me repite lo que le pido.

____

4. El cocinero me sugiere el biftec a término medio.

____

5. Pero el mesero me sirve la carne casi cruda.

____

6. Yo no como el biftec que él me sirve.

____

E **Preguntas personales.** Give your own answers.

1. ¿Cuántas horas duermes cada noche?

____

2. ¿Cuántas horas dormiste anoche?

____

3. ¿Quiénes duermen en un hotel?

____

4. ¿En qué hotel durmieron los turistas anoche?

____

Nombre ______________________ Fecha ______________

UN POCO MÁS

A **Un anuncio.** Read the following advertisement.

¿DÓNDE COMEMOS?

EL PLAT. Conde de Altea, 41. Valencia.
Tel. 334 96 38. Cierre, lunes y festivos noche.

Comer un arroz dignamente hecho es uno de los mayores deseos de cualquier visitante de la capital valenciana, deseo que demasiado a menudo queda frustrado, porque no son muchos los locales que incluyen arroces en sus cartas o porque no los hacen muy bien.

"El Plat" constituye una excepción. Se hace en esta casa, limpia, pequeña y agradable, un plato del día, cada jornada distinto, con arroz. Es excelente el de bacalao que sirven los domingos, pero cada día vale la pena.

B **"El Plat".** Choose the correct word or expression to complete each sentence, according to the ad.

1. La persona que escribió este artículo es un crítico de ______.
   - **a.** arte
   - **b.** cocina
   - **c.** teatro
2. "El Plat" es ______.
   - **a.** una persona
   - **b.** una calle
   - **c.** un restaurante
3. La especialidad de "El Plat" es ______.
   - **a.** el vino
   - **b.** el arroz
   - **c.** el menudo
4. El cocinero siempre prepara el plato del día con ______.
   - **a.** bacalao
   - **b.** arroz
   - **c.** vino
5. No es posible ir a "El Plat" los ______.
   - **a.** lunes
   - **b.** sábados
   - **c.** domingos
6. Conde de Altea es ______.
   - **a.** la calle donde está "El Plat"
   - **b.** el propietario de "El Plat"
   - **c.** el autor del artículo

C **¿Cómo se dice?** How do you say the following in Spanish?

1. special of the day ______________
2. is worthwhile ______________
3. different each day ______________

Nombre ______________________________ Fecha ____________________

D **¡A comer!** Read the following ad that appeared in a magazine in Puerto Rico. Then choose the correct responses according to the ad.

1. ¿Qué es esto?
   a. un anuncio
   b. una crítica
   c. una receta
2. ¿Cuándo cierra?
   a. los miércoles y jueves
   b. los sábados y domingos
   c. los lunes y martes
3. ¿Quién paga un precio reducido?
   a. Zaida Clemons
   b. los niños
   c. las personas con reservaciones
4. ¿Qué no está incluído en el precio de $10.95?
   a. los platos "créole"
   b. la sopa de queso
   c. el postre

RESERVACIONES SON INDISPENSABLES DESPUES DE LAS 6:00 P.M.

738-4016

Aceptamos las principales tarjetas de crédito.

Jájome Terrace

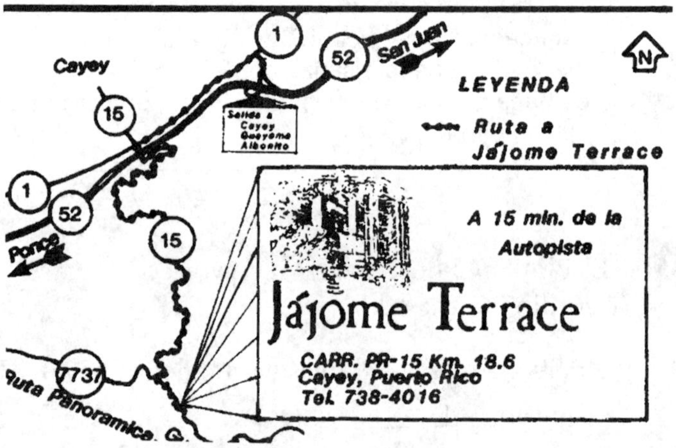

¡TODO LO QUE PUEDA COMER!

por SOLO **$10.95**

Bebidas y Postre Adicional

(niños menores de 12 años-a mitad de precio)

DISFRUTE NUESTRAS DELICIOSAS ENSALADAS, FAMOSA SOPA DE QUESO, PLATOS "CREOLE", CLIMA (65ºF-75ºF) Y VISTA PANORAMICA DEL MAR CARIBE

ABIERTO

Miércoles a Sábado

12:00 del mediodía hasta 9:00 p.m.

Domingos y Días Feriados

12:00 del mediodía hasta 6:00 p.m.

Atendido por su dueña

Zaida Clemons

Nombre ______________________ Fecha ______________

E **Adivinen.** Figure it out or guess, according to the ad.

1. Besides the food, what else does the ad stress as an attraction?

____

2. Can you eat there after 6 P.M. or not? Explain.

____

3. Where is Jájome Terrace?

____

4. Can you pay with a credit card? If so, with which card(s)?

____

5. Who is the owner?

____

6. What is a specialty of the restaurant?

____

7. How much can one eat for $10.95?

____

8. When is the restaurant usually closed?

____

F **Las abreviaturas.** Look at the ad again. Find the abbreviation for each of the following words.

1. teléfono ______________
2. minutos ______________
3. Puerto Rico ______________
4. kilómetro ______________
5. carretera ______________

Nombre ______________________________ Fecha ____________________

MI AUTOBIOGRAFÍA

Tell whether or not you like to eat in a restaurant. If you do, tell which restaurant(s) you go to. Give a description of a dinner out. You know quite a few words for foods in Spanish. Write about which foods you like and those you do not like.

Nombre ______________________ Fecha ______________

CAPÍTULO 16

EL CAMPING

VOCABULARIO

Palabras 1

A **¿Qué es?** Write the name of each item.

1. ______________ 2. ______________ 3. ______________

4. ______________ 5. ______________

B **El cuerpo humano.** Identify as many parts of the body as you can.

____

____

____

____

Nombre ______________________ Fecha ______________

C **A escoger.** Choose the correct verb to complete each sentence.

1. Él ______ José.
   a. se lava
   b. se llama
   c. se levanta
2. La muchacha ______ a las once de la noche.
   a. se acuesta
   b. se levanta
   c. se despierta
3. El joven ______ el pelo cada día.
   a. se lava
   b. se viste
   c. se pone
4. Ella ______ la ropa.
   a. se lava
   b. se pone
   c. se mira
5. El muchacho ______ y luego se levanta.
   a. se duerme
   b. se lava
   c. se despierta
6. Él se mira en el espejo mientras ______.
   a. se pone
   b. se desayuna
   c. se afeita

Palabras 2

D **¿Qué es?** Write the name of each item.

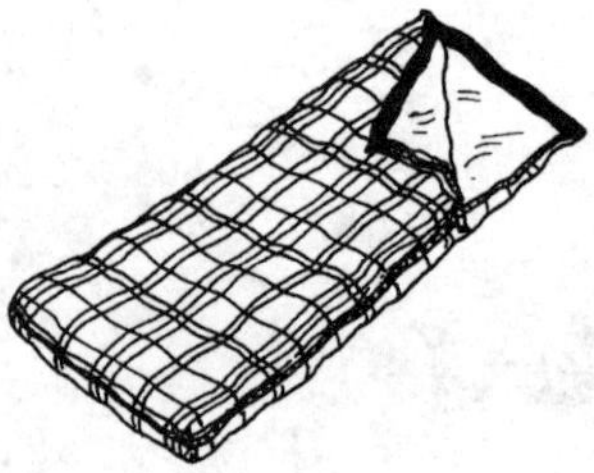

1. ______________

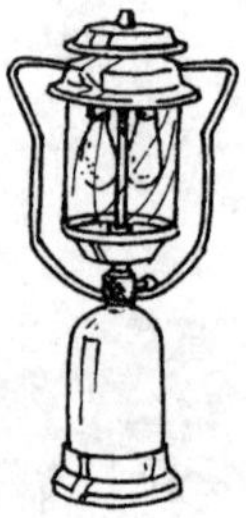

2. ______________

3. ______________

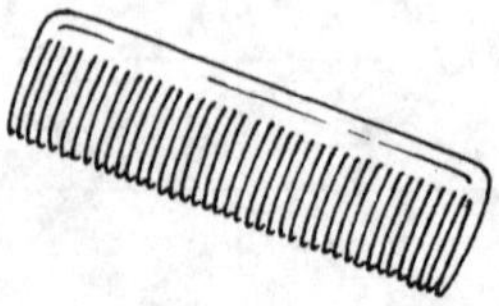

4. ______________

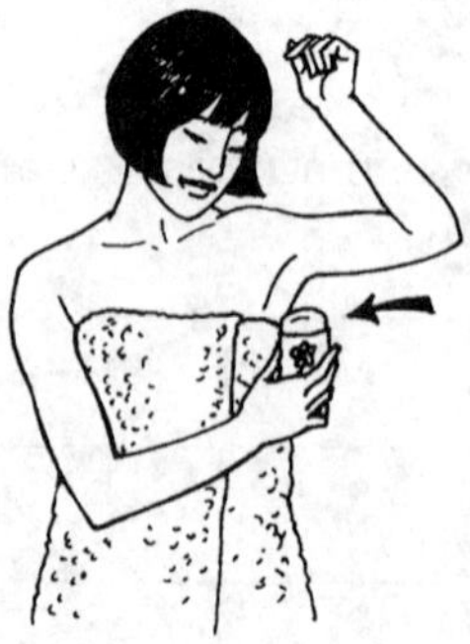

5. ______________

6. ______________

Nombre ______________________ Fecha ______________

E **En la farmacia.** Complete with the appropriate word.

1. Un ______________ de pasta dentífrica, por favor.
2. Un ______________ de papel higiénico.
3. Una ______________ de jabón.

F **Un pequeño diccionario.** Write the word being defined.

1. pasar una o varias noches en un camping o campamento ______________
2. un tipo de cama que se usa durante las vacaciones de camping ______________
3. un tipo de casa o casita de lona *(canvas)* o de plástico que se arma o se levanta en un camping ______________
4. lo que se usa para lavarse el pelo ______________
5. lo que se usa para lavarse ______________
6. lo que se usa para lavarse o cepillarse los dientes ______________
7. lo que se usa para afeitarse ______________
8. lo que se usa para preparar la comida ______________

G **¿Qué es?** Write the name of each item.

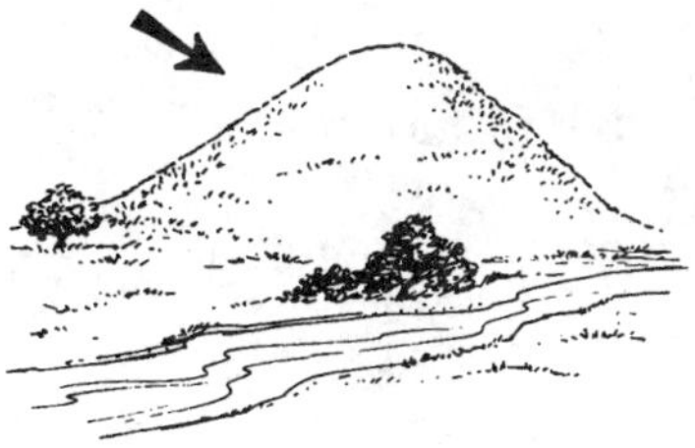

1. ______________

2. ______________

3. ______________

4. ______________

5. ______________

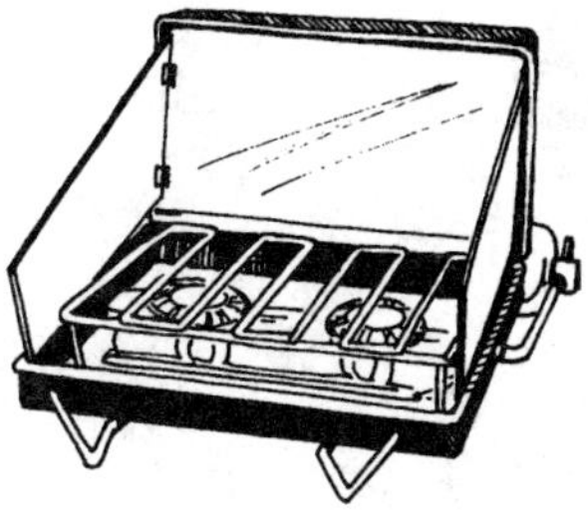

6. ______________

Nombre ____________________ Fecha ____________

ESTRUCTURA

Los verbos reflexivos

A **Preguntas personales.** Give your own answers.

1. ¿Cómo te llamas?

____

2. ¿A qué hora te levantas?

____

3. ¿Dónde (te) desayunas?

____

4. ¿Te cepillas los dientes después del desayuno?

____

5. Por la mañana, ¿te bañas o tomas una ducha?

____

6. ¿Te miras en el espejo cuando te peinas?

____

B **Un día típico.** Complete each sentence with the correct reflexive pronoun(s).

1. Yo ______ despierto y ______ levanto en seguida.
2. Mi hermano y yo ______ levantamos a la misma hora.
3. Yo ______ lavo y luego él ______ lava.
4. Nosotros no ______ lavamos al mismo tiempo en el cuarto de baño.
5. Mis amigos ______ cepillan los dientes después de cada comida.
6. Y ellos ______ lavan las manos antes de comer.

C **Yo.** Complete with the appropriate words.

Yo ______ (1) lavo ______ (2) manos y ______ (3) cara. ______ (4) cepillo ______ (5) dientes y ______ (6) cepillo ______ (7) pelo. Yo ______ (8) pongo ______ (9) ropa.

Nombre ______________________________ Fecha ____________________

Los verbos reflexivos de cambio radical

D **La rutina.** Complete each sentence with the correct present tense form(s) of the verb(s).

1. Yo ____________________ y me levanto en seguida. (despertarse)
2. Mi hermana y yo bajamos a la cocina y ____________________ a la mesa. (sentarse)
3. Después de tomar el desayuno, yo ____________________ y ella ____________________. (vestirse, vestirse)
4. Después de las clases, yo ____________________ con mis amigos. Nosotros ____________________ mucho. (divertirse, divertirse)
5. Cuando yo ____________________, ____________________ en seguida. (acostarse, dormirse)
6. Y tú, ¿ ____________________ en seguida cuando ____________________? (dormirse, acostarse)

E **En el pasado.** Rewrite each sentence in the preterite.

1. Ellos se sientan a la mesa.

   ____

2. Él se acuesta y se duerme en seguida.

   ____

3. Desgraciadamente yo no me duermo en seguida.

   ____

4. Él se viste elegantemente.

   ____

5. Los amigos se divierten mucho.

   ____

6. ¿A qué hora te acuestas?

   ____

7. Yo me visto en seguida.

   ____

8. Nosotros nos sentamos a la mesa para tomar el desayuno.

   ____

Nombre ____________________ Fecha ____________________

F **Frases originales.** Make up an original sentence using each of the following verbs.

1. llamarse

____

2. llamar

____

3. lavarse

____

4. lavar

____

5. mirarse

____

6. mirar

____

7. divertirse

____

8. divertir

____

9. ponerse

____

10. poner

____

11. peinarse

____

12. peinar

____

Nombre ______________________________ Fecha ____________________

UN POCO MÁS

A **Convivir con la naturaleza.** Read the following that appeared in *El ABC,* a Madrid newspaper. To understand it, you need to know the following words: *hoguera* (bonfire), *arder* (to burn), *fuego* (fire).

B **A escoger.** Choose the correct word or expression to complete each sentence.

1. This ad is directed to ______.
   - a. campers
   - b. firefighters
   - c. swimmers

2. Campfires are not allowed ______.
   - a. in the woods
   - b. during the summer
   - c. at night

C **El sinónimo.** Match the Spanish word or expression in the left column with its English equivalent in the right column.

1.	______	hoguera	a.	lit cigarette butts
2.	______	cristales	b.	forest fires
3.	______	colillas encendidas	c.	nature
4.	______	incendios forestales	d.	glass
5.	______	la naturaleza	e.	campfire
6.	______	la basura	f.	garbage

D **Los cristales.** Explain the problem with *los cristales.*

____

____

Nombre ______________________ Fecha ______________

E **Para acampar.** Look at the following ad that appeared in *El Nuevo Día,* a San Juan newspaper.

F **A escoger.** Choose the correct word or expression to complete each sentence.

1. El precio especial de la caseta más grande es ______.
   a. 2129.88
   b. 149.88
   c. 189.55
2. El nombre de la tienda por departamentos es ______.
   a. González Padín
   b. Wenzel
   c. Evergreen
3. La oferta es válida por ______.
   a. una semana
   b. dos semanas
   c. un mes
4. La tienda acepta seis diferentes ______.
   a. casetas
   b. estilos
   c. tarjetas

Nombre ______________________ Fecha ______________

MI AUTOBIOGRAFÍA

Every day there are certain routine things we all have to do. Give as much information as you can about your daily routine. Include what time you usually do each thing. Then tell whether or not you go camping. If you do, tell where you like to go. What do you do when you first get to camp? Tell if your routine changes when you go camping. If you do not like to camp or never go, tell why.

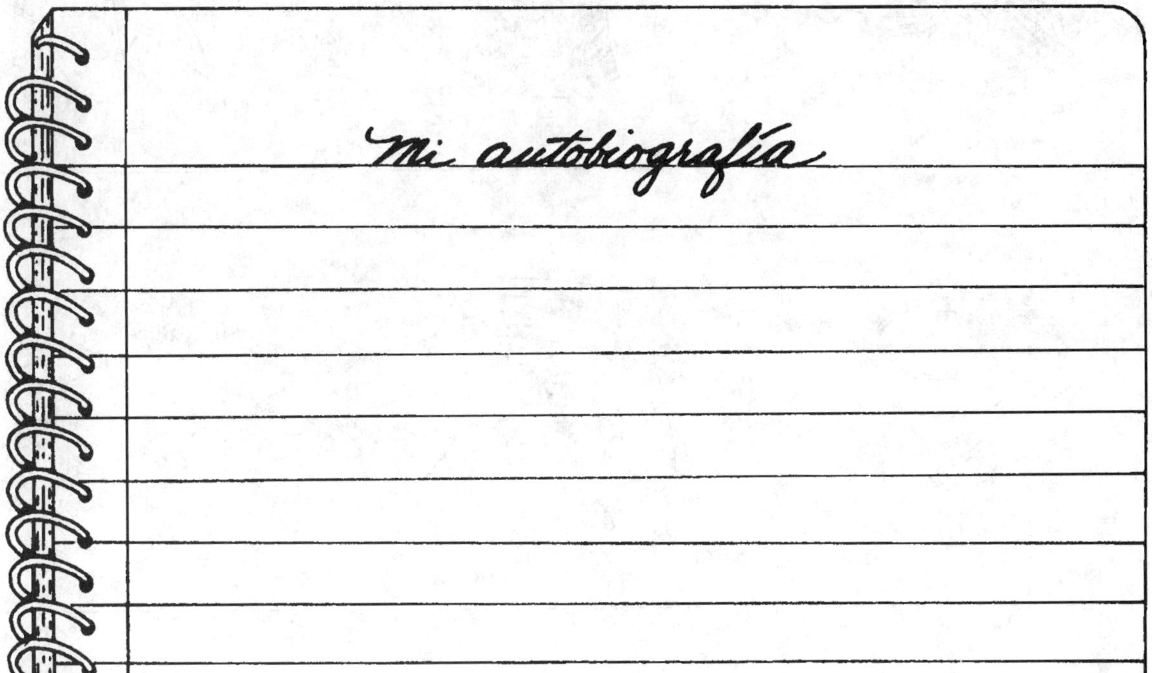

Nombre ______________________________ Fecha ____________________

SELF-TEST 4

A Write the name of each item.

1. ____________________ 2. ____________________ 3. ____________________

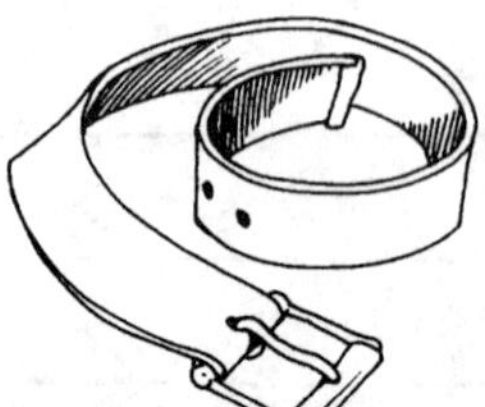
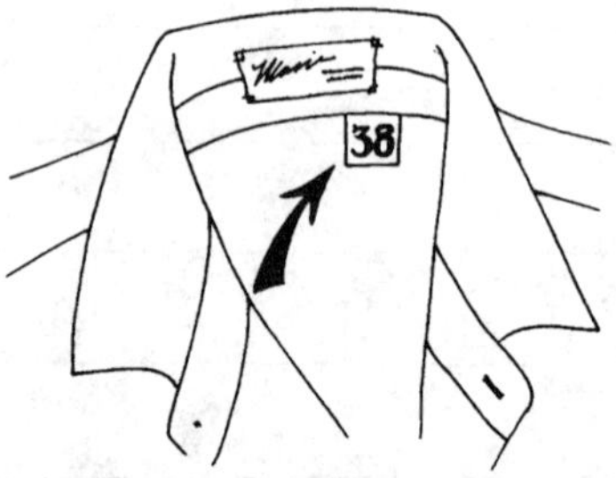

4. ____________________ 5. ____________________ 6. ____________________

7. ____________________ 8. ____________________ 9. ____________________

B Complete each sentence with the appropriate word.

1. Los ____________________ esperan el tren en la sala de espera.
2. Compran su boleto en la ____________________.
3. Si quieren volver a la misma ciudad, compran un boleto (billete) de ____________________.
4. Venden periódicos y revistas en el ____________________.
5. El ____________________ ayuda a los pasajeros con su equipaje.

Nombre ______________________________ Fecha ____________________

C Write the name of each item.

1. ____________________

2. ____________________

3. ____________________

4. ____________________

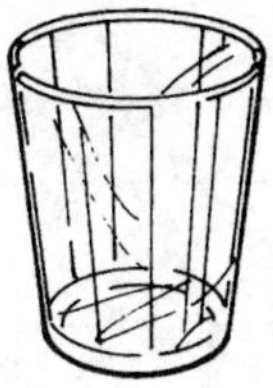

5. ____________________

6. ____________________

D Complete each sentence with the appropriate word.

1. El muchacho va a tomar una ducha. Necesita una ____________________ de jabón.
2. La muchacha quiere peinarse. Necesita un ____________________.
3. Ella ____________________ por la mañana y se acuesta por la noche.
4. El muchacho ____________________ los dientes.

E Write the opposite of each of the following words.

1. ancho ____________________
2. alto ____________________
3. corto ____________________
4. negro ____________________
5. la llegada ____________________
6. libre ____________________
7. bajar del tren ____________________
8. a tiempo ____________________
9. las legumbres ____________________
10. casi crudo ____________________
11. sentarse ____________________
12. dormirse ____________________
13. temprano ____________________
14. caro ____________________

Nombre ________________________ Fecha ____________

F Complete each sentence according to the model.

Juan va a comprar estas camisas...
Juan va a comprar estas camisas porque le gustan.

1. Voy a comprar esta camisa...

____

2. Ellos van a comprar la raqueta...

____

3. Vas a comprar el blue jean...

____

4. Ellos van a comprar los tenis...

____

5. Yo voy a comprar los zapatos...

____

6. Vamos a comprar el disco...

____

G Rewrite each sentence in the negative.

1. Tiene algo.

____

2. Ella ve a alguien en la sala.

____

3. Ellos siempre viajan.

____

4. Yo viajo también.

____

5. ¿Tienes lápiz o bolígrafo?

____

Nombre ______________________________ Fecha ______________

H Complete each sentence with the correct preterite form of the indicated verb.

1. Él no ______________ hacer el viaje. (querer)
2. Sus amigos ______________ el viaje. (hacer)
3. Yo no ______________ ir. (poder)
4. Mis amigos ______________ a mi casa. (venir)
5. ¿______________ tú las maletas en la maletera? (poner)
6. Nosotros ______________ por toda España. (andar)
7. Ellos ______________ allí. (estar)
8. Yo ______________ más tarde. (venir)

I Complete each sentence with the correct present tense form of the indicated verb.

1. En el restaurante yo ______________ un biftec. (pedir)
2. Mi hermano lo ______________ bien hecho. (pedir)
3. El mesero nos ______________. (servir)
4. Nosotros ______________ el plato otra vez. (pedir)
5. Nosotros le ______________ la cuenta. (pedir)

J Rewrite each sentence from Exercise I in the preterite.

1. ____
2. ____
3. ____
4. ____
5. ____

K Complete each sentence with a pronoun when necessary.

1. Yo ______________ lavo mi carro.
2. Yo ______________ lavo.
3. Ella ______________ levanta a las ocho.
4. Ella ______________ levanta al niño.
5. Él ______________ mira la televisión.
6. Él ______________ mira en el espejo.

Nombre ______________________ Fecha ______________

L Answer the following questions.

1. ¿Cómo te llamas?

____

2. ¿A qué hora te levantas?

____

3. ¿A qué hora te acuestas?

____

4. En tu familia, ¿se acuestan todos Uds. a la misma hora?

____

5. ¿Se viste tu madre o tu padre antes o después de tomar el desayuno?

____

M Choose the correct rejoinder or answer.

1. Me voy a lavar.
   a. ¿Dónde está el champú?
   b. ¿Dónde está el desodorante?
   c. ¿Dónde está el jabón?
2. ¿Por qué quieres comprar un saco de dormir?
   a. Porque voy a dormir.
   b. Porque voy de camping.
   c. Porque voy a un hotel.
3. ¿Quién trabaja en la tienda?
   a. El dependiente.
   b. El mesero.
   c. El maletero.
4. ¿Por qué tienen equipaje?
   a. Se visten.
   b. Hacen un viaje.
   c. Toman el tren.
5. ¿Tienen que transbordar los pasajeros?
   a. Sí, tienen que esperar el tren.
   b. Sí, tienen que subir al tren.
   c. Sí, tienen que cambiar de tren.
6. ¿Van a dejar una propina grande?
   a. No, porque el mesero les sirvió muy bien.
   b. No, porque pagan con una tarjeta de crédito.
   c. No, no es necesario. El servicio está incluído.

Answers appear on pages 180–181.

Nombre ______________________ Fecha ______________

ANSWERS TO SELF-TEST 1

If you made any mistakes on the test, review the corresponding page(s) in your textbook indicated in parentheses under the answers to that section of the test.

A

1. d
2. f
3. a
4. g
5. b
6. e
7. h
8. c

(For questions 1–3, 6, 8, review Chapter 1, *Palabras 1,* pages 14–15. For questions 4–5, review Chapter 2, *Palabras 2,* pages 40–41. For question 7, review Chapter 3, *Palabras 1,* pages 66–67.)

B

1. la escuela
2. el bus escolar
3. el libro
4. el examen
5. la pizarra (el pizarrón)
6. el refresco
7. el disco
8. el teléfono

(For questions 1–3, 6, 8, review Chapter 3, *Palabras 1,* pages 66–67. For questions 4–5, review Chapter 3, *Palabras 2,* pages 69–70. For questions 6–8, review Chapter 4, *Palabras 1,* pages 90–91.)

C

1. por teléfono
2. discos
3. un(a) alumno(a) serio(a)
4. una fiesta
5. un examen (una merienda)
6. en una tienda
7. en autobús (a las ocho)
8. la lección
9. a las ocho (en autobús)
10. la televisión
11. el piano
12. el tango
13. el tango

(For questions 1–2, 10, review Chapter 4, *Palabras 1,* pages 90–91. For questions 3, 5, 8, review Chapter 3, *Palabras 2,* pages 69–70. For questions 4, 11-13, review Chapter 4, *Palabras 2,* pages 94–95. For questions 6–7, 9, review Chapter 3, *Palabras 1,* pages 66–67.)

D

1. Yo soy ____.
2. Yo soy ____.
3. Yo hablo ____.
4. Yo tomo ____.
5. Yo llego a la escuela a las ____.
6. Yo voy a ____.
7. Yo estoy ____.

(For questions 1–2, review Chapter 1, *El presente del verbo* ser, *Formas singulares,* page 25. For questions 3-5, review Chapter 3, *El presente de los verbos en –*ar, *Formas singulares,* page 73. For questions 6-7, review Chapter 4, *El presente de los verbos* ir, dar *y* estar, page 100.)

E

1. son
2. somos
3. vamos
4. llegas
5. tomas
6. estudio
7. es
8. estamos
9. escuchan, hablan, toman
10. voy
11. dan

(For questions 1–2, review Chapter 2, *El presente del verbo* ser, *Formas plurales,* page 50. For questions 3, 8, 10–11, review Chapter 4, *El presente de los verbos* ir, dar *y* estar, page 100. For questions 4–6, review Chapter 3, *El presente de los verbos en –*ar, *Formas singulares,* page 73. For question 7, review Chapter 1, *El presente del verbo* ser, *Formas singulares,* page 25. For question 9, review Chapter 4, *El presente de los verbos en –*ar, *Formas plurales,* page 98.)

F

1. El muchacho es alto.
2. Las muchachas son sinceras.
3. Los cursos son interesantes.
4. La profesora es amable.
5. Las clases son grandes.
6. Los hermanos son populares.
7. La lección es difícil.

(For questions 1, 4, 7, review Chapter 1, *La concordancia de los adjetivos, Formas singulares,* page 24 and Chapter 2, *El presente del verbo* ser, *Formas singulares,* page 25. For questions 2–3, 5–6, review Chapter 2, *Los sustantivos, artículos y adjetivos, Formas plurales,* page 48 and Chapter 3, *El presente del verbo* ser, *Formas plurales,* page 50.)

G

1. a la
2. de las, al
3. a la
4. del
5. de los

(Review Chapter 4, *Las contracciones* al *y* del, page 102.)

H

1. b
2. c
3. a
4. c
5. a
6. b

(For question 1, review Chapter 1, *Lectura y cultura,* page 30. For questions 2–3, review Chapter 2, *Lectura y cultura,* page 56. For question 4, review Chapter 3, *Lectura y cultura,* page 80. For question 5, review Chapter 4, *Lectura y cultura,* page 106. For question 6, review Chapter 4, *Palabras 2,* pages 90–91.)

ANSWERS TO SELF-TEST 2

If you made any mistakes on the test, review the corresponding page(s) in your textbook indicated in parentheses under the answers to that section of the test.

A

1. el dormitorio, el comedor, la sala (el cuarto de baño, la habitación, el cuarto de dormir, la cocina)
2. casa
3. calle
4. come, toma (bebe)
5. periódico, bolígrafo (lápiz)
6. parque (jardín), flores
7. carro (coche)
8. deportes
9. campo
10. portero, equipo, tanto

(For questions 1–3, review Chapter 5, *Palabras 1,* pages 128-129. For questions 4–5, review Chapter 5, *Palabras 2,* pages 132–133. For questions 6–7, review Chapter 6, *Palabras 2,* pages 157–158. For questions 8–10, review Chapter 7, *Palabras 1,* pages 180–181.)

B

1. mi hermano
2. mi abuela
3. mi tío
4. mi primo

(Review Chapter 6, *Palabras 1,* pages 154–155.)

C

1. el mostrador
2. el boleto (el billete)
3. el asistente de vuelo
4. la tarjeta de embarque
5. el maletero (la maletera)

(For question 3, review Chapter 8, *Palabras 1,* pages 206–207. For questions 1–2, 4–5, review Chapter 8, *Palabras 2,* page 210.)

D

1. veo
2. comemos
3. vivimos
4. recibo
5. leen
6. tengo
7. tenemos
8. tiene
9. hago
10. pone
11. salgo
12. salimos

(For questions 1–5, review Chapter 5, *El presente de los verbos en –er e –ir,* page 136. For questions 6–8, review Chapter 6, *El presente del verbo* tener, page 161. For questions 9–12, review *El presente de los verbos* hacer, poner, traer, salir *y* venir, page 214.)

E

1. empezamos ahora
2. quieren salir
3. pueden
4. juega bien
5. volvemos ahora
6. preferimos comer ahora
7. duerme ocho horas

(For questions 1–2, 6, review Chapter 7, *El presente de los verbos con el cambio* e > ie, page 187. For questions 3–5, 7, review Chapter 7, *El presente de los verbos con el cambio* o > ue, page 189.)

F

1. Mi
2. Su
3. Nuestra
4. Sus, mis
5. tus, tu

(Review Chapter 6, *Los adjetivos posesivos,* page 165.)

G

1. Ellos están saliendo ahora.
2. Estoy haciendo el viaje con ellos.
3. Estamos viajando en avión.
4. Yo estoy leyendo y él está escribiendo.
5. Los pasajeros están poniendo su equipaje en el compartimiento.
6. Tú estás reclamando las maletas.

(Review Chapter 8, *El presente progresivo,* page 218.)

H

1. Hay
2. tengo que
3. vamos a, tenemos que
4. tienen que, tienen que, va a

(For question 1, review Chapter 5, *La expresión impersonal* hay, page 141. For questions 2–4, review Chapter 6, Tener que + *el infinitivo,* ir a + *el infinitivo,* page 163.)

I

1. F
2. T
3. T
4. T
5. F
6. F
7. T
8. F

(For questions 1–2, review Chapter 5, *Lectura y cultura,* page 144. For question 3, review Chapter 6, *Lectura y cultura,* page 170. For questions 4–5, review Chapter 7, *Lectura y cultura,* page196. For questions 6–8, review Chapter 8, *Lectura y cultura,* page 222.)

ANSWERS TO SELF-TEST 3

If you made any mistakes on the test, review the corresponding page(s) in your textbook indicated in parentheses under the answers to that section of the test.

A

1. el bastón
2. la pista
3. el gorro
4. los patines
5. la cama
6. la garganta
7. el médico
8. la receta
9. el traje de baño
10. los anteojos (las gafas) de sol
11. la plancha de vela
12. la piscina

(For questions 1–3, review Chapter 9, *Palabras 1,* pages 244–245. For question 4, review Chapter 9, *Palabras 2,* pages 248–249. For questions 5–6, review Chapter 10, *Palabras 1,* pages 270–271. For questions 7–8, review Chapter 10, *Palabras 2,* pages 274–275. For questions 9–11, review Chapter 11, *Palabras 1,* pages 296–297.For question 12, review Chapter 11, *Palabras 2,* pages 300–301.)

B

1. d
2. b
3. e
4. g
5. i
6. c
7. a
8. j
9. f
10. h

(For questions 1–3, 7, review Chapter 9, *Palabras 1,* pages 244–245. For question 4, review Chapter 9, *Palabras 2,* pages 248–249. For questions 5–6, review Chapter 10, *Palabras 1,* pages 270–271. For question 8, review Chapter 11, *Palabras 1,* pages 296–297. For question 9, review Chapter 11, *Palabras 2,* pages 300–301. For question 10, review Chapter 12, *Palabras 2,* pages 325–326.)

C

1. la pista
2. en el telesquí
3. enfermo
4. la gripe
5. la boca
6. medicamento, medicina
7. tenis
8. la cuenta
9. una propina
10. una película

(For questions 1–2, review Chapter 9, *Palabras 1,* pages 244–245. For questions 3–4, review Chapter 10, *Palabras 1,* pages 270–271. For questions 5–6, review Chapter 10, *Palabras 2,* pages 274–275. For question 7, review Chapter 11, *Palabras 2,* pages 300–301. For questions 8–9, review Chapter 12, *Palabras 2,* pages 325–326. For question 10, review Chapter 12, *Palabras 1,* pages 322–323.)

D

1. nadan, invierno
2. esquiadores, telesquí
3. catarro
4. cabeza
5. abre, garganta
6. receta, farmacéutico
7. sol, nublado
8. metro

(For questions 1–2, review Chapter 9, *Palabras 1,* pages 244–245. For questions 3–4, review Chapter 10, *Palabras 1,* pages 270–271. For questions 5–6, review Chapter 10, *Palabras 2,* pages 274–275. For question 7, review Chapter 11, *Palabras 1,* pages 296–297. For question 8, review Chapter 12, *Palabras 1,* pages 322–323.)

E

1. conozco
2. sé
3. sabe
4. sé, conoce

(Review Chapter 9, *El presente de los verbos* saber *y* conocer, page 252.)

F

1. está
2. es
3. es
4. es
5. está
6. es
7. está

(Review Chapter 10, Ser *y* estar, page 278.)

G

1. digo
2. dice
3. decimos
4. dicen

(Review Chapter 9, *El presente del verbo* decir, page 255.)

H

1. Te
2. Les
3. le
4. la
5. lo
6. las

(For question 1, review Chapter 10, *Los pronombres* me, te, page 283. For questions 2–3, review Chapter 12, *Los complementos indirectos* le, les, page 332. For questions 4–6, review Chapter 11, *Los pronombres de complemento directo,* page 307.)

I

1. Yo nadé en el mar.
2. Mis amigos bucearon.
3. ¿Alquilaste un barco?
4. ¿Tomaron Uds. el sol?
5. ¿Usaste una crema protectora?
6. Ellos subieron la montaña en el telesquí.
7. Yo perdí mis gafas.
8. ¿Comiste mucho?
9. ¿Quién te dio las lecciones?
10. Vi la película.
11. Jugué (al) fútbol.
12. Ya empecé.

(For questions 1–5, 11–12, review Chapter 11, *El pretérito de los verbos en* –ar, page 304. For questions 6–10, review Chapter 12, *El pretérito de los verbos en* –er *e* –ir, page 329.)

J

1. c
2. c
3. a
4. a
5. b

(For questions 1–3, review Chapter 9, *Lectura y cultura,* page 260. For questions 4–5, review Chapter 12, *Descubrimiento cultural,* page 340.)

K

1. F
2. T
3. T
4. T

(For questions 1–2, review Chapter 10, *Lectura y cultura,* page 286. For question 3, review Chapter 9, *Descubrimiento cultural,* pages 262-263. For question 4, review Chapter 11, *Lectura cultural,* page 312.)

ANSWERS TO SELF-TEST 4

If you made any mistakes on the test, review the corresponding page(s) in your textbook indicated in parentheses under the answers to that section of the test.

A

1. los tenis
2. la falda
3. la camisa
4. el cinturón
5. la talla (el tamaño)
6. el precio
7. la gabardina
8. el suéter
9. los pantalones

(Review Chapter 13, *Palabras 1,* pages 360–361.)

B

1. pasajeros
2. ventanilla (taquilla)
3. ida y vuelta
4. quiosco
5. maletero (mozo)

(Review Chapter 14, *Palabras 1,* pages 386–387.)

C

1. el cuchillo
2. el tenedor
3. la cucharita
4. el plato
5. el vaso
6. la taza

(Review Chapter 15, *Palabras 1,* pages 410–411.)

D

1. barra (pastilla)
2. peine
3. se levanta
5. se cepilla

(For questions 1–2, review Chapter 16, *Palabras 2,* pages 438–439. For questions 3–4, review Chapter 16, *Palabras 1,* pages 434–435.)

E

1. estrecho
2. bajo
3. largo
4. blanco
5. la salida
6. ocupado
7. subir al tren
8. tarde (con una demora, un retraso)
9. las legumbres
10. bien hecho
11. estar de pie
12. despertarse
13. tarde
14. barato

(For questions 1–4, review Chapter 13, *Palabras 2,* pages 364–365. For question 5, review Chapter 14, *Palabras 1,* page 386–387. For questions 6–8, 11, 13, review Chapter 14, *Palabras 2,* pages 390–391. For questions 9–10, review Chapter 15, *Palabras 2,* pages 414–415. For question 12, review Chapter 16, *Palabras 1,* pages 434–435. For question 14, review Chapter 13, *Palabras 1,* pages 360–361.)

F

1. Voy a comprar esta camisa porque me gusta.
2. Ellos van a comprar la raqueta porque les gusta.
3. Vas a comprar el blue jean porque te gusta.
4. Ellos van a comprar los tenis porque les gustan.
5. Yo voy a comprar los zapatos porque me gustan.
6. Vamos a comprar el disco porque nos gusta.

(Review Chapter 13, *El verbo* gustar, page 369.)

G

1. No tiene nada.
2. Ella no ve a nadie en la sala.
3. Ellos nunca viajan. (Ellos no viajan nunca.)
4. Yo no viajo tampoco.
5. ¿No tienes ni lápiz ni bolígrafo?

(Review Chapter 13, *Las palabras negativas y afirmativas,* page 372.)

H

1. quiso
2. hicieron
3. pude
4. vinieron
5. Pusiste
6. anduvimos
7. estuvieron
8. vine

(For questions 1–2, 4, 8, review Chapter 14, *El pretérito de los verbos* hacer, querer *y* venir, page 394. For questions 3, 5–7, review Chapter 14, *El pretérito de otros verbos irregulares,* page 396.)

I

1. pido
2. pide
3. sirve
4. pedimos
5. pedimos

(Review Chapter 15, *El presente de los verbos con el cambio* e > i, page 418.)

J

1. En el restaurante yo pedí un biftec.
2. Mi hermano lo pidió bien hecho.
3. El mesero nos sirvió.
4. Nosotros pedimos el plato otra vez.
5. Nosotros le pedimos la cuenta.

(Review Chapter 15, *El pretérito de los verbos con el cambio* e > i, o > u, page 420.)

K

1. –
2. me
3. se
4. –
5. –
6. se

(Review Chapter 15, *El presente de los verbos con el cambio* e > i, page 418.)

L

1. Yo me llamo _____.
2. Yo me levanto _____.
3. Yo me acuesto _____.
4. En nuestra familia, nosotros (no) nos acostamos a la misma hora.
5. Mi madre (Mi padre) se viste antes (después) de tomar el desayuno.

(For questions 1–2, review Chapter 16, *Los verbos reflexivos,* page 442. For questions 3–5, review Chapter 16, *Los verbos reflexivos de cambio radical,* page 446.)

M

1. c
2. b
3. a
4. b
5. c
6. c

(For questions 1–2 review Chapter 16, *Palabras 2,* pages 438–439. For question 3, review Chapter 13, *Palabras 1,* pages 360-361. For question 4, review Chapter 14, *Palabras 1,* pages 386–387. For question 5, review Chapter 14, *Palabras 2,* pages 390–391. For question 6, review Chapter 15, *Palabras 1,* pages 410-411.)

STUDENT TAPE MANUAL

STUDENT TAPE MANUAL

CONTENIDO

A–H

BIENVENIDOS

For all activities in the preliminary lessons A–H, you will be asked to listen or listen and repeat.

CAPÍTULO 1

UN AMIGO
UNA AMIGA

PRIMERA PARTE

VOCABULARIO

Palabras 1

Actividad A Listen and repeat.

Actividad B Listen and choose.

____
Elena

____
José Luis

____
Bárbara

____
Pablo

Nombre ______________________ Fecha ______________

Palabras 2

Actividad C Listen and repeat.

Actividad D Listen and match.

a 

b 

c 

d 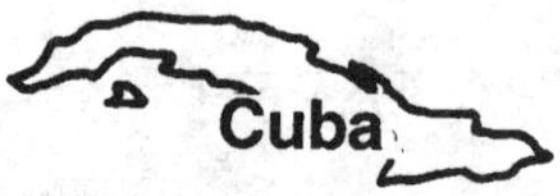

e 

f 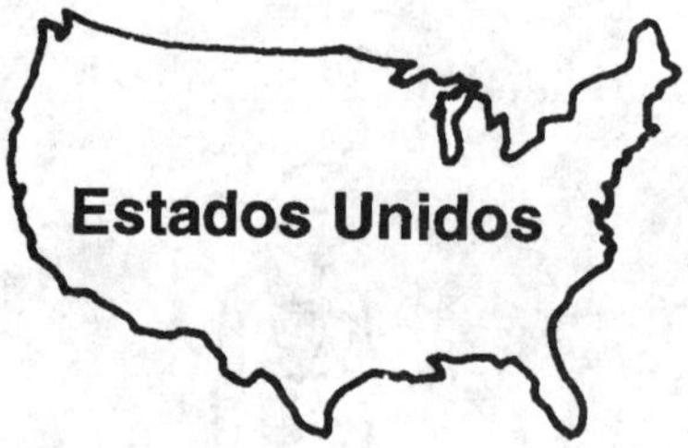

1.	a	b	c	d	e	f	**6.**	a	b	c	d	e	f
2.	a	b	c	d	e	f	**7.**	a	b	c	d	e	f
3.	a	b	c	d	e	f	**8.**	a	b	c	d	e	f
4.	a	b	c	d	e	f	**9.**	a	b	c	d	e	f
5.	a	b	c	d	e	f	**10.**	a	b	c	d	e	f

Nombre ________________________ Fecha ____________

ESTRUCTURA

Actividad A Listen and choose.

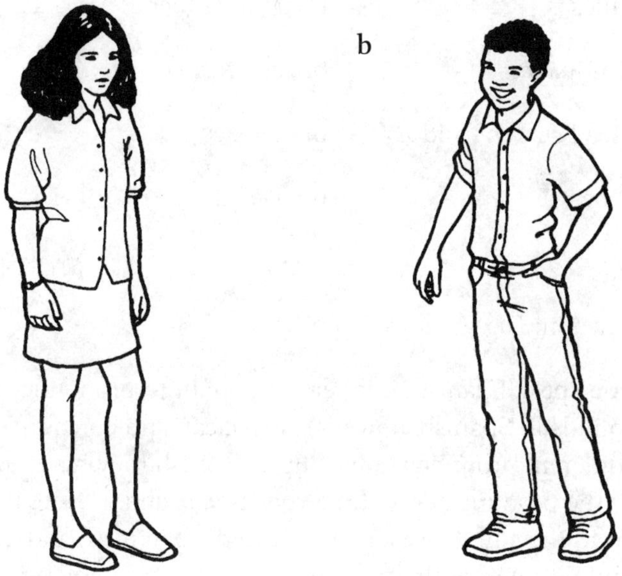

1. a b	5. a b	9. a b
2. a b	6. a b	10. a b
3. a b	7. a b	11. a b
4. a b	8. a b	

Actividad B Listen and choose.

1. sí no	3. sí no	5. sí no
2. sí no	4. sí no	6. sí no

Actividad C Listen.

Actividad D Listen and choose.

1.	**a.** María	**b.** Marta	c. Mónica
2.	**a.** Marcos	**b.** Paco	c. Carlos
3.	**a.** americana	**b.** mexicana	c. colombiana
4.	**a.** los Estados Unidos	**b.** México	c. Colombia

CONVERSACIÓN

Actividad E Listen.

Actividad F Listen and choose.

1. **a.** Davis **b.** Torres **c.** Figueroa
2. **a.** Inés **b.** Maricarmen **c.** la señora Torres
3. **a.** antipática **b.** americana **c.** sincera
4. **a.** los Estados Unidos **b.** México **c.** Colombia
5. **a.** Inés **b.** David **c.** Maricarmen

PRONUNCIACIÓN

Actividad G Pronunciación: *Las vocales* a, o *y* u

When you speak Spanish, it is very important to pronounce the vowels carefully. The vowel sounds in Spanish are very short, clear, and concise. The vowels in English have several different pronunciations, but in Spanish they have only one sound. Imitate carefully the pronunciation of the vowels *a, o,* and *u*. Note that the pronunciation of *a* is similar to the *a* in *father, o* is similar to the *o* in *most,* and *u* is similar to the *u* in *flu*. Listen and repeat after the speaker.

SEGUNDA PARTE

Actividad A Listen and choose.

1. **a.** colombiana **b.** puertorriqueña **c.** mexicana
2. **a.** Santiago **b.** Santa Teresa **c.** Ramona
3. **a.** Colombia **b.** Puerto Rico **c.** México
4. **a.** baja y morena **b.** alta y rubia **c.** alta y morena

Actividad B Listen and choose.

1. a b c
2. a b c
3. a b c
4. a b c
5. a b c
6. a b c

Nombre ______________________ Fecha ______________

Actividad C Listen and choose.

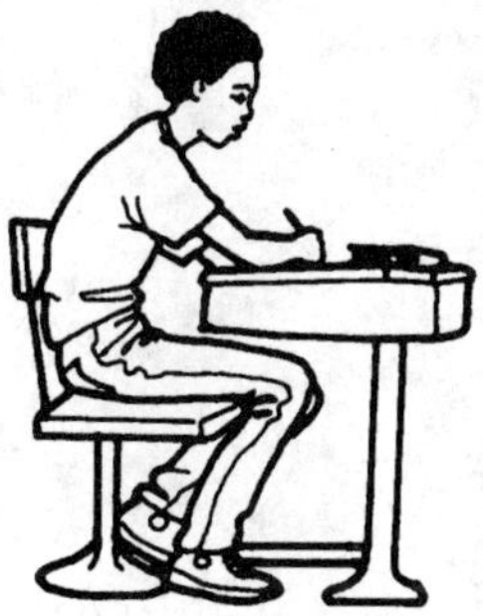

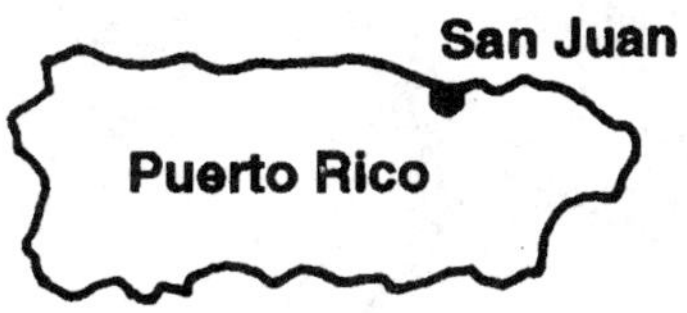

Nombre ______________________________ Fecha ____________________

Actividad D Listen and choose.

_______ Sara Cortés

_______ Abelardo Vega

_______ Susana Martín

_______ José Luis Peña

_______ Carmen Mercado

_______ Ignacio Funes

_______ Roberto Rojas

_______ David Oliver

CAPÍTULO 2

¿HERMANOS O AMIGOS?

PRIMERA PARTE

VOCABULARIO

Palabras 1

Actividad A Listen and repeat.

Actividad B Listen and choose.

a b

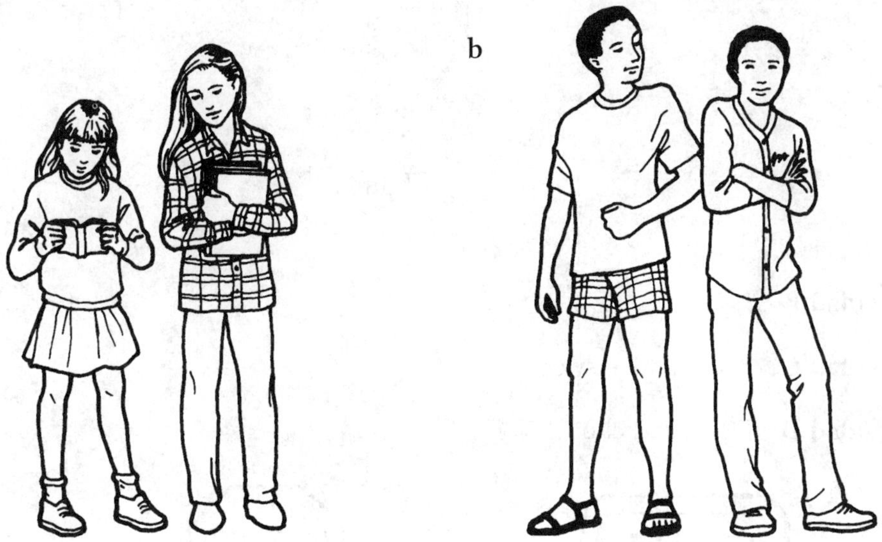

1. a b
2. a b
3. a b
4. a b
5. a b
6. a b
7. a b
8. a b

Actividad C Listen and match.

_____ intelligent _____ interesting _____ serious

_____ important _____ popular

Actividad D Listen and answer.

Palabras 2

Actividad E Listen and repeat.

Actividad F Listen and choose.

1. **a.** aritmética **b.** biología **c.** historia
2. **a.** álgebra **b.** arte **c.** francés
3. **a.** trigonometría **b.** química **c.** inglés
4. **a.** geografía **b.** aritmética **c.** latín
5. **a.** sociología **b.** física **c.** italiano
6. **a.** biología **b.** educación física **c.** español
7. **a.** educación cívica **b.** economía doméstica **c.** arte

ESTRUCTURA

Actividad A Listen and choose.

1. a b c
2. a b c
3. a b c
4. a b c
5. a b c
6. a b c
7. a b c

Actividad B Listen.

Actividad C Listen and answer.

Actividad D Listen and choose.

____

____

____

____

____

____

Nombre ______________________________ Fecha ____________________

CONVERSACIÓN

Actividad E Listen.

Actividad F Listen and choose.

1.	**a.** Coyoacán	**b.** Arlington	**c.** la Ciudad de México
2.	**a.** una ciudad grande	**b.** una capital	**c.** un suburbio
3.	**a.** Wáshington	**b.** Coyoacán	**c.** Arlington
4.	**a.** Wáshington	**b.** Coyoacán	**c.** la Ciudad de México
5.	**a.** una ciudad	**b.** un suburbio	**c.** un país

PRONUNCIACIÓN

Actividad G Pronunciación: *Las vocales* e *e* i

The sounds of the Spanish vowels *e* and *i* are short, clear, and concise. The pronunciation of *e* is similar to the *a* in *mate* and the pronunciation of *i* is similar to the *ee* in *bee* or *see*. Listen and repeat after the speaker.

SEGUNDA PARTE

Actividad A Listen and choose.

1.	**a.** álgebra	**b.** geometría	**c.** química
2.	**a.** música	**b.** trigonometría	**c.** arte
3.	**a.** biología	**b.** español	**c.** historia
4.	**a.** geografía	**b.** educación cívica	**c.** aritmética
5.	**a.** química	**b.** arte	**c.** historia
6.	**a.** música	**b.** sociología	**c.** educación física
7.	**a.** inglés	**b.** física	**c.** geografía
8.	**a.** biología	**b.** economía doméstica	**c.** arte

Nombre ______________________ Fecha ______________

Actividad B Look, listen, and answer.

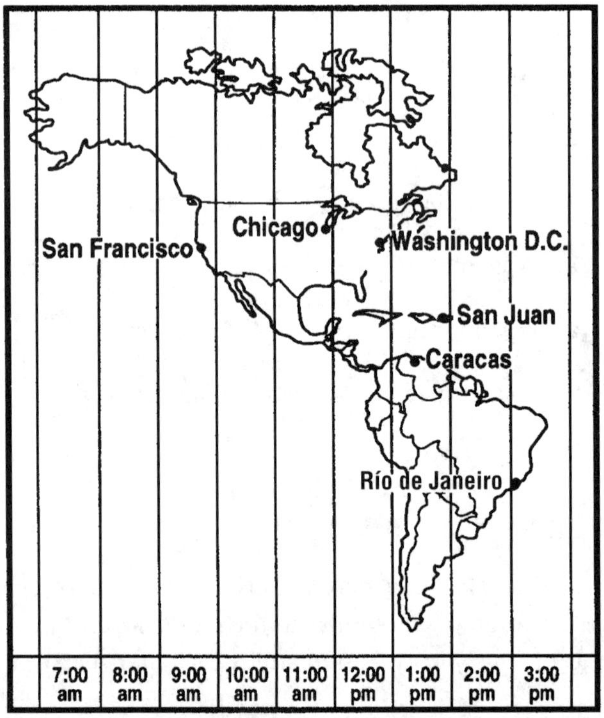

Actividad C Listen and choose.

José Luis

1. Córdoba / Cochabamba
2. Bolivia / Venezuela
3. alumno / profesor
4. escuela pública / colegio privado
5. matemáticas / arte
6. fabuloso / aburrido

Pilar

1. Bolivia / Venezuela
2. Caracas / La Paz
3. Caracas / La Paz
4. profesora / alumna
5. las ciencias / las lenguas

Doña Flor

1. alumna / profesora
2. matemáticas / ciencias
3. biología y física / álgebra y geometría
4. Colombia / Perú
5. Lima / Bogotá
6. fáciles / difíciles

Nombre ______________________ Fecha ______________

Actividad D Listen and answer.

1. What have they just inaugurated?

____

2. It is a public or private school?

____

3. Is it for boys or for girls?

____

4. What might be "asignaturas típicas"?

____

5. What is the specialty in mechanics?

____

6. There is a separate department for what?

____

Nombre ______________________________ Fecha ______________

CAPÍTULO 3

EN LA ESCUELA

PRIMERA PARTE

VOCABULARIO

Palabras 1

Actividad A Listen and repeat.

Actividad B Listen and choose.

Actividad C Listen and choose.

1. sí no **2.** sí no **3.** sí no **4.** sí no **5.** sí no

Palabras 2

Actividad D Listen and repeat.

Actividad E Listen and complete.

Actividad F Listen and choose.

1.	a	b	c	**5.**	a	b	c
2.	a	b	c	**6.**	a	b	c
3.	a	b	c	**7.**	a	b	c
4.	a	b	c				

Actividad G Listen and write.

Example: *(You hear)* Roberto llega a las ocho.
¿Quién?
(You write) Roberto

Example: *(You hear)* Roberto llega a las ocho.
¿Cuándo?
(You write) a las ocho

1. ______________________________ 4. ______________________________

2. ______________________________ 5. ______________________________

3. ______________________________ 6. ______________________________

ESTRUCTURA

Actividad A Listen and answer.

Actividad B Listen and answer.

Actividad C Listen and confirm.

Example: *(You hear)* Estudio latín.
(You say) ¿Qué estudias?

Actividad D Listen and confirm.

Example: *(You hear)* Estudio inglés.
(You say) Elena estudia inglés.

Actividad E Listen and choose.

a

b

1. a b
2. a b
3. a b
4. a b
5. a b

Actividad F Listen and choose.

1. sí no
2. sí no
3. sí no
4. sí no
5. sí no
6. sí no
7. sí no
8. sí no

CONVERSACIÓN

Actividad G Listen.

Actividad H Listen and answer.

PRONUNCIACIÓN

Actividad I Pronunciación: *Las consonantes* l, f, p, m, n

The pronunciation of the consonants *l, f, p, m,* and *n* is quite similar in both Spanish and English. However, the *p* is not followed by a puff of breath as it often is in English. When you make the *p* sound in Spanish you round your lips. Listen and repeat after the speaker.

SEGUNDA PARTE

Actividad A Listen and choose.

1. a b
2. a b
3. a b
4. a b
5. a b
6. a b
7. a b

Nombre ______________________ Fecha ______________

Actividad B Look, listen, and answer.

	CURSO	DOCENTE	SALON
8:00–8:50	Historia de Europa	Sra. Alvarado Guzmán	122
9:00–9:50	Geometría	Dra. Figueroa Simón	306
10:00–10:50	Estudio individual		Teatro
11:00–11:50	Literatura	Sr. Morales Cuadra	123
11:50–14:00	Almuerzo		Cafetería
14:00–14:50	Inglés	Sr. Linares Clark	249
15:00–15:50	Química	Srta. Reyes Olivares	231
16:00–16:50	Deportes	Sr. Campos Ruiz	Gimnasio

Example: *(You hear)* La doctora Figueroa es una profesora excelente.
(You also hear) ¿De qué curso habla Manuel?
(You write) Geometría.

1. ______________
2. ______________
3. ______________
4. ______________
5. ______________
6. ______________
7. ______________
8. ______________
9. ______________
10. ______________

Actividad C Listen and choose.

________	Andrés Jiménez Gaona	**a.**	Ecuador
________	Beatriz Campos	**b.**	Chile
________	Luisa Rodríguez Campoamor	**c.**	España
________	Ramona Carrillo Mackenna	**d.**	México
________	Jorge Muñoz Franco	**e.**	Costa Rica
________	Susana Huidobro	**f.**	Puerto Rico
________	Antonio Villegas Luna	**g.**	Venezuela
________	Teresa Mendizábal	**h.**	Colombia

Nombre ______________________________ Fecha ____________________

CAPÍTULO 4

PASATIEMPOS DESPUÉS DE LAS CLASES

PRIMERA PARTE

VOCABULARIO

Palabras 1

Actividad A Listen and repeat.

Actividad B Listen and choose.

____

____

____

____

____

____

Actividad C Listen and choose.

1. **a.** la biblioteca **b.** la sala
2. **a.** el disco **b.** la tienda
3. **a.** la cocina **b.** la biblioteca
4. **a.** la biblioteca **b.** la cocina
5. **a.** el centro comercial **b.** la casa
6. **a.** la casa **b.** el centro comercial

Actividad D Listen and choose.

1. sí no	3. sí no	5. sí no	7. sí no
2. sí no	4. sí no	6. sí no	8. sí no

Palabras 2

Actividad E Listen and repeat.

Actividad F Listen.

Actividad G Listen and choose.

1. **a.** una merienda **b.** una guitarra **c.** una fiesta
2. **a.** a los hermanos **b.** a los amigos **c.** a la profesora
3. **a.** en un café **b.** en casa **c.** en una clase
4. **a.** No, no cantan. **b.** Sí, y también estudian. **c.** Sí, y también bailan.
5. **a.** el violín **b.** el piano **c.** la trompeta
6. **a.** María **b.** José **c.** los muchachos
7. **a.** refrescos **b.** una merienda **c.** café

Actividad H Listen and answer.

Actividad I Listen and answer.

Example: *(You hear)* ¿Pablo escucha el violín?
(You see) tocar
(You say) No, Pablo toca el violín.

1. bailar	3. estudiar	5. mirar la televisión
2. tomar	4. trabajar	6. escuchar

Nombre ______________________ Fecha ______________

ESTRUCTURA

Actividad A Listen and choose.

1. a b c	4. a b c	7. a b c
2. a b c	5. a b c	8. a b c
3. a b c	6. a b c	

Actividad B Listen and answer.

1. fiesta
2. a pie
3. Marta y Sara
4. en casa
5. sí
6. Sara
7. bien

Actividad C Listen and choose.

una fiesta	la sala	la clase
la cocina	el autobús	el laboratorio

CONVERSACIÓN

Actividad D Listen.

Actividad E Listen and choose.

1. **a.** bien **b.** mal
2. **a.** en una fiesta **b.** en una tienda
3. **a.** Clarita **b.** María
4. **a.** en una tienda de libros **b.** en una tienda de discos
5. **a.** Clarita **b.** María
6. **a.** después del trabajo **b.** no van

PRONUNCIACIÓN

Actividad F Pronunciación: *La consonante* t

The *t* in Spanish is pronounced with the tip of the tongue pressed against the upper teeth. Like the Spanish *p*, it is not followed by a puff of air. The Spanish *t* is extremely clear. Listen and repeat after the speaker.

Nombre ______________________ Fecha ______________

SEGUNDA PARTE

Actividad A Listen.

Actividad B Listen and choose.

1.	**a.** Mercedes	**b.** Jorge	**c.** Leonor
2.	**a.** Mercedes	**b.** Jorge	**c.** Leonor
3.	**a.** Mercedes	**b.** Jorge	**c.** Leonor
4.	**a.** a la tienda	**b.** a casa	**c.** a la biblioteca
5.	**a.** Mercedes	**b.** Jorge	**c.** Leonor
6.	**a.** a casa de Jorge	**b.** a casa de Leonor	**c.** a clase
7.	**a.** para estudiar	**b.** para mirar la televisión	**c.** para bailar
8.	**a.** la casa de Leonor	**b.** la tienda	**c.** la escuela
9.	**a.** 4	**b.** 14	**c.** 40
10.	**a.** Mercedes	**b.** Jorge	**c.** Leonor
11.	**a.** 3:00	**b.** 3:30	**c.** 4:00
12.	**a.** discos	**b.** una merienda	**c.** refrescos
13.	**a.** discos	**b.** una merienda	**c.** refrescos

Actividad C Listen.

Actividad D Listen and choose.

1. a b c	**5.** a b c	**9.** a b c
2. a b c	**6.** a b c	**10.** a b c
3. a b c	**7.** a b c	**11.** a b c
4. a b c	**8.** a b c	

Actividad E Listen and choose.

1. sí no	**3.** sí no	**5.** sí no	**7.** sí no	**9.** sí no
2. sí no	**4.** sí no	**6.** sí no	**8.** sí no	**10.** sí no

Nombre ______________________ Fecha ______________

Actividad F Listen and match.

a

b

c

d

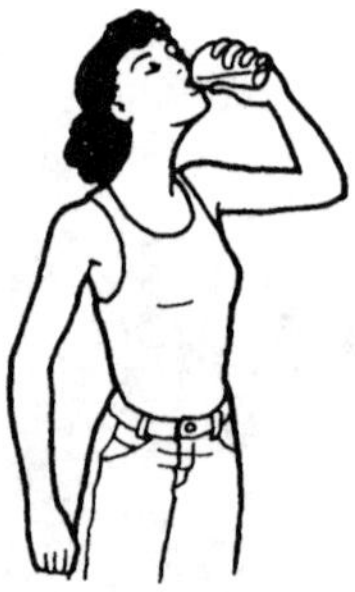
e

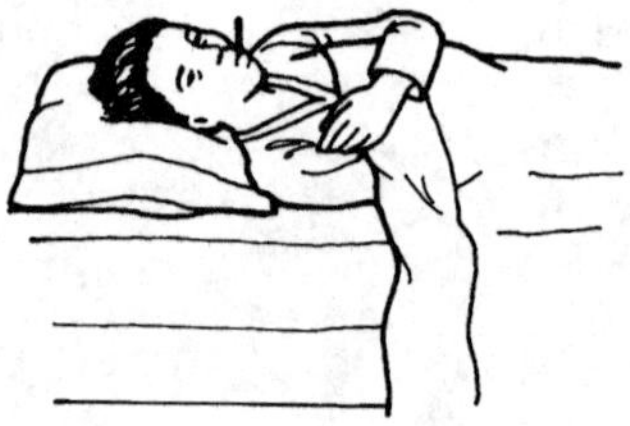
f

g

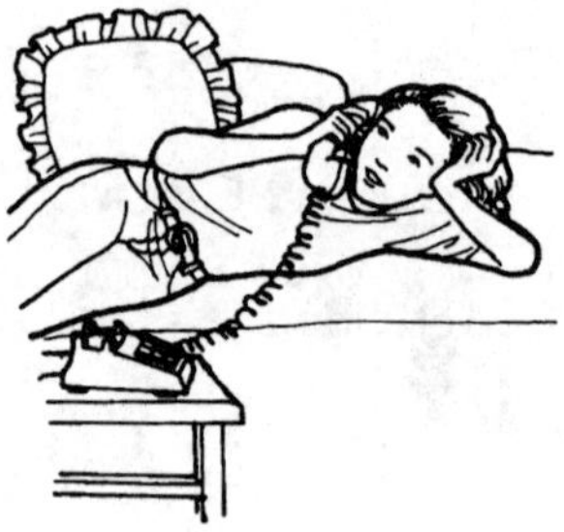
h

1. ______ Pablo
2. ______ María
3. ______ Susana
4. ______ Roberto
5. ______ Beatriz
6. ______ Fernando
7. ______ Elena
8. ______ Carlos

Nombre ______________________ Fecha ______________

Actividad G Look, listen, and answer.

1. Is the job full-time or part-time?

____

2. What is the name of the store?

____

3. Do they want a boy or a girl?

____

4. How old must the worker be?

____

5. Where is the store located?

____

6. What do they sell at the store?

____

7 How can a person get in touch with the owner?

____

8. What is the owner's name?

____

9. What is her phone number?

____

10. What days can she be called on the phone?

____

11. Between what hours can she be called?

____

Nombre ______________________________ Fecha ______________________

CAPÍTULO
5

ACTIVIDADES DEL HOGAR

PRIMERA PARTE

VOCABULARIO

Palabras 1

Actividad A Listen and repeat.

Actividad B Listen and repeat.

Actividad C Listen.

Actividad D Listen and choose.

1. sí no 2. sí no 3. sí no 4. sí no 5. sí no

Actividad E Listen and choose.

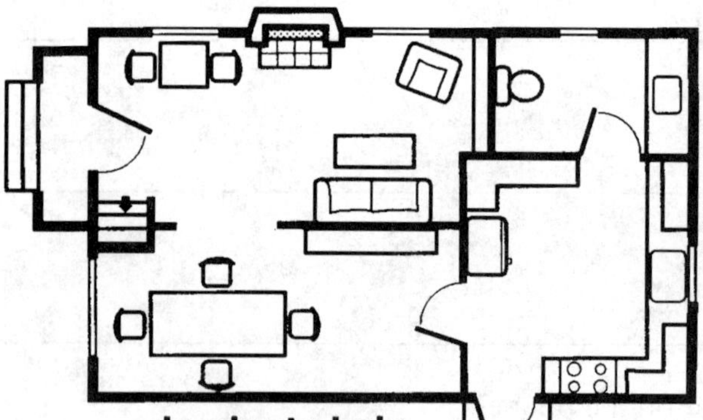

la planta baja

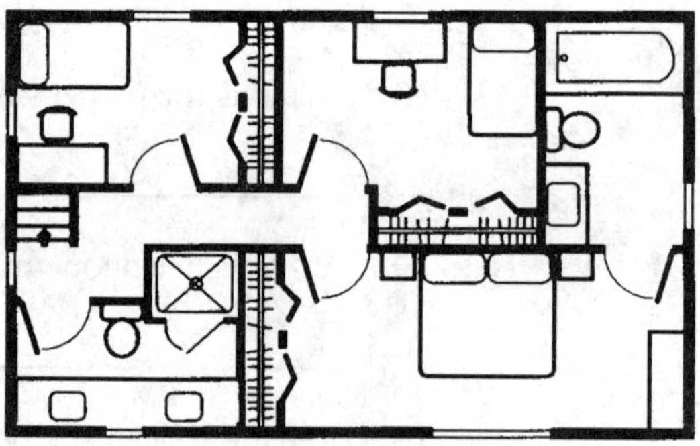

el primer piso

1. **a.** cuatro **b.** seis
2. **a.** cuatro **b.** cinco
3. **a.** planta baja **b.** primer piso
4. **a.** planta baja **b.** primer piso
5. **a.** planta baja **b.** primer piso
6. **a.** planta baja **b.** primer piso

Nombre ______________________ Fecha ______________

Palabras 2

Actividad F Listen and repeat.

Actividad G Listen and choose.

Actividad H Listen and repeat.

Actividad I Listen and choose.

Actividad J Listen and repeat.

Nombre ______________________________ Fecha ____________________

Actividad K Listen and choose.

Actividad L Listen and repeat.

Actividad M Listen and choose.

Actividad N Listen and repeat.

Actividad O Listen and choose.

Actividad P Listen and repeat.

Actividad Q Listen and choose.

Nombre ______________________ Fecha ______________

Actividad R Listen and repeat.

Actividad S Listen and choose.

1. siempre a veces
2. siempre a veces
3. siempre a veces
4. siempre a veces
5. siempre a veces

ESTRUCTURA

Actividad A Listen and answer.

Actividad B Listen and choose.

1. a b c
2. a b c
3. a b c
4. a b c
5. a b c
6. a b c

CONVERSACIÓN

Actividad C Listen.

Actividad D Listen and choose.

1. sí no
2. sí no
3. sí no
4. sí no
5. sí no
6. sí no
7. sí no

PRONUNCIACIÓN

Actividad E Pronunciación: *La consonante* d

The pronunciation of the consonant *d* in Spanish varies according to its position in the word. When a word begins with *d* (initial position) or follows the consonants *l* or *n,* the tongue gently strikes the back of the upper front teeth. Listen and repeat after the speaker.

When *d* appears within the word between vowels (medial position), the *d* is extremely soft. To pronounce this *d* properly, your tongue should strike the lower part of your upper teeth, almost between the upper and lower teeth. Listen and repeat after the speaker.

When a word ends in *d* (final position), the *d* is either extremely soft or omitted completely, not pronounced. Listen and repeat after the speaker.

Nombre ______________________ Fecha ______________

SEGUNDA PARTE

Actividad A Listen.

Actividad B Listen and choose.

1. a b **2.** a b **3.** a b

Actividad C Listen and choose.

1. 1 2 3 4 5 6 7 8 9

2. 1 2 3 4 5 6 7 8 9

3. 1 2 3 4 5 6 7 8 9

4. 1 2 3 4 5 6 7 8 9

5. 1 2 3 4 5 6 7 8 9

6. 1 2 3 4 5 6 7 8 9

Actividad D Listen and choose.

____

____

____

____

____

____

Nombre ______________________________ Fecha ____________________

Actividad E Look, listen, and choose.

1. What is the client's name?

   a. San Martín **b.** Villa **c.** Providencia

2. Where does he want to live?

   a. downtown **b.** in the suburbs **c.** in the country

3. What is he looking for?

   a. a small apartment **b.** a large apartment **c.** a private house

4. How many houses does the realtor say are available downtown?

   a. none **b.** a few **c.** many

5. How many children does the family have?

   a. 3 **b.** 6 **c.** 8

6. Who else lives with the family?

   a. the man's father **b.** the wife's mother **c.** a maid

7. How many bedrooms does the place suggested have?

   a. 4 **b.** 6 **c.** 8

8. What is nearby?

   a. a school **b.** a restaurant **c.** a metro stop

9. How many floors does the building have?

   a. 3 **b.** 6 **c.** 8

10. On what floors are the bedrooms?

    a. 1 and 2 **b.** 2 and 3 **c.** 3 and 4

11. Where is the building in relation to the metro?

    a. in front **b.** to the left **c.** to the right

12. Where are the man and woman going now?

    a. to the bank **b.** to the metro **c.** to the house

Nombre ________________________________ Fecha ____________________

CAPÍTULO
6

LA FAMILIA Y SU CASA

PRIMERA PARTE

VOCABULARIO

Palabras 1

Actividad A Listen and repeat.

Actividad B Listen and choose.

1.	sí	no	3.	sí	no	5.	sí	no	7.	sí	no	9.	sí	no
2.	sí	no	4.	sí	no	6.	sí	no	8.	sí	no	10.	sí	no

Actividad C Listen and choose.

1.	**a.** tío	**b.** hermano	**c.** abuelo
2.	**a.** tío	**b.** primo	**c.** sobrino
3.	**a.** tía	**b.** prima	**c.** sobrina
4.	**a.** abuelos	**b.** primos	**c.** sobrinos
5.	**a.** prima	**b.** sobrina	**c.** tía
6.	**a.** abuelo	**b.** sobrino	**c.** tío
7.	**a.** abuela	**b.** tía	**c.** prima
8.	**a.** sobrino	**b.** abuelo	**c.** tío
9.	**a.** tíos	**b.** abuelos	**c.** sobrinos

Palabras 2

Actividad D Listen and repeat.

Actividad E Listen and choose.

____

____

____

____

____

Nombre ____________________ Fecha ____________________

ESTRUCTURA

Actividad A Listen.

Actividad B Listen and choose.

1. sí no 2. sí no 3. sí no 4. sí no 5. sí no

Actividad C Listen and choose.

1. a b c 3. a b c 5. a b c

2. a b c 4. a b c 6. a b c

Actividad D Listen and answer.

Actividad E Listen and answer.

Example: *(You hear)* Pablo va a estudiar.
(You see) trabajar
(You say) No, Pablo va a trabajar.

1. buenas notas 3. una película 5. una "A"

2. un carro 4. dieciséis años 6. comprar

Actividad F Listen and answer.

1. 8:00 3. 4:30 5. a la abuela

2. el lunes 4. Teresa 6. una composición

Actividad G Listen and answer.

Example: *(You hear)* ¿Vas a bailar?
(You see) bailar / estudiar
(You say) No, no voy a bailar porque tengo que estudiar.

1. ver televisión / estudiar 4. escuchar discos / estudiar

2. trabajar / estudiar 5. ir al café / estudiar

3. comprar regalos / estudiar 6. preparar unos refrescos / estudiar

Actividad H Listen and answer.

Example: *(You hear)* ¿Es el libro de Laura?
(You say) Sí, es su libro.

Nombre ______________________ Fecha ______________

CONVERSACIÓN

Actividad I Listen.

Actividad J Listen and choose.

1. a b **2.** a b **3.** a b **4.** a b

PRONUNCIACIÓN

Actividad K Pronunciación: *Las consonantes* b, v

There is no difference in pronunciation between a *b* and a *v* in Spanish. The *b* or *v* sound is somewhat softer than the sound of an English *b*. When making this sound, the lips barely touch. Listen and repeat after the speaker.

SEGUNDA PARTE

Actividad A Listen.

Actividad B Listen and choose.

1.	**a.** una escuela	**b.** un restaurante	**c.** un baile
2.	**a.** para celebrar y comer	**b.** para leer y escribir	**c.** para estudiar
3.	**a.** en las afueras de la ciudad	**b.** en el centro de la ciudad	**c.** en un parque
4.	**a.** a 6 kilómetros	**b.** a 16 kilómetros	**c.** a 60 kilómetros
5.	**a.** en la planta baja	**b.** en los jardines	**c.** en la cocina
6.	**a.** 30	**b.** 50	**c.** 70
7.	**a.** la cocina	**b.** el comedor	**c.** el banquete
8.	**a.** dos	**b.** cuatro	**c.** ocho
9.	**a.** dos a tres	**b.** cuatro a ocho	**c.** seis a diez
10.	**a.** Montes	**b.** Ruano	**c.** Rojas
11.	**a.** una escuela	**b.** el Edificio Ruano	**c.** un jardín
12.	**a.** una escuela	**b.** el Edificio Ruano	**c.** un jardín
13.	**a.** lunes	**b.** martes	**c.** domingo

Actividad C Look, listen, and choose.

1. What is this ad for?

   a. a house **b.** an apartment **c.** a car

2. Where is it located?

   a. in the mountains **b.** in a garage **c.** in downtown San Lucas

3. What do the six thousand pesos cover?

   a. a month's rent **b.** a year's repair and service **c.** the total price

4. What will happen Friday?

   a. The price will go up. **b.** The offer will end. **c.** The sale will begin.

5. How many bedrooms are there?

   a. three **b.** four **c.** five

6. How many bathrooms are there?

   a. one **b.** two **c.** three

7. How many cars does the garage hold?

   a. one **b.** two **c.** three

8. What can you see from the balcony?

   a. the park **b.** the garden **c.** the mountains

9. What is the "Edificio Aguilar"?

   a. an automobile showroom **b.** apartments **c.** a restaurant

10. What is the address of the "Edificio Aguilar"?

    a. calle San Lucas No.9 **b.** calle Sol No.77 **c.** calle Montaña No.4

11. How old is the building?

    a. two years old **b.** four years old **c.** seven years old

12. Does the building have an elevator?

    a. No, it doesn't. **b.** Yes, one. **c.** Yes, two.

Actividad D Listen and ask.

Example: *(You hear)* Voy a comprar un…
(You say) ¿Cómo? ¿Qué vas a comprar?

Actividad E Look, listen, and complete.

1. Javier is a famous ________________
2. Today is Javier's ________________
3. He is going to get a magnificent ________________
4. "Los Cocodrilos" are Javier's ________________
5. They are going to give him a ________________
6. Tomorrow Javier is going to ________________
7. Javier and "Los Cocodrilos" are going to be on ________________
8. Javier will also be accompanied by ________________
9. All his fans wish him ________________

Nombre ______________________ Fecha ______________

CAPÍTULO 7

LOS DEPORTES DE EQUIPO

PRIMERA PARTE

VOCABULARIO

Palabras 1

Actividad A Listen and repeat.

Actividad B Listen and identify.

Actividad C Listen and repeat.

Nombre ____________________ Fecha ____________________

Actividad D Listen and choose.

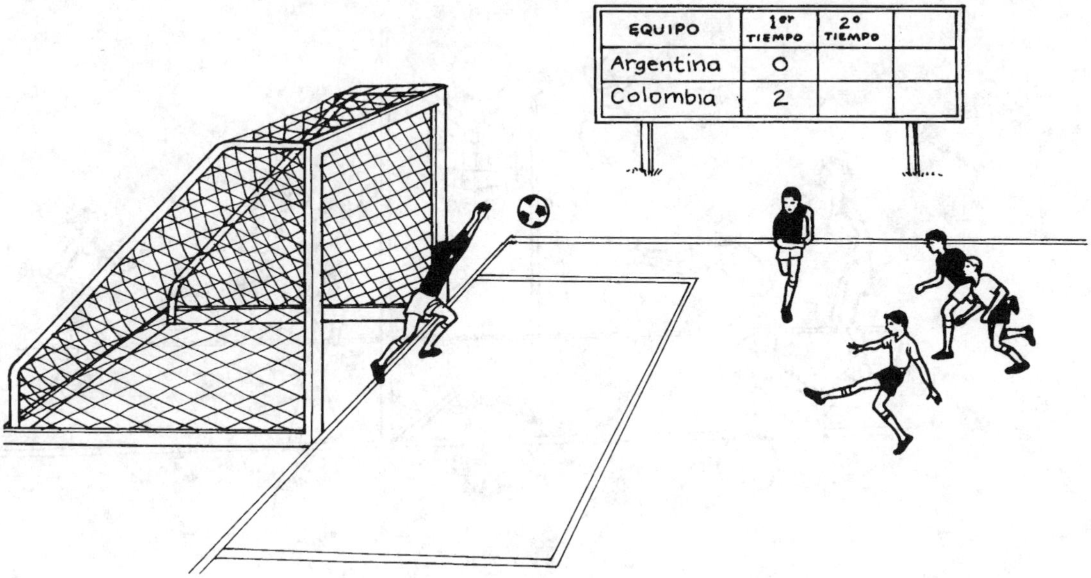

1. sí no 2. sí no 3. sí no 4. sí no 5. sí no

Actividad E Listen and choose.

1. a b c
2. a b c
3. a b c
4. a b c
5. a b c

Palabras 2

Actividad F Listen and repeat.

Actividad G Listen and choose.

__________ __________ __________

Nombre ______________________ Fecha ______________

Actividad H Listen and repeat.

Actividad I Listen and identify.

Actividad J Listen and repeat.

Actividad K Listen and identify.

Actividad L Listen and choose.

1. a b c	**5.** a b c	**8.** a b c
2. a b c	**6.** a b c	**9.** a b c
3. a b c	**7.** a b c	**10.** a b c
4. a b c		

Nombre ______________________ Fecha ______________

ESTRUCTURA

Actividad A Listen and answer.

Actividad B Listen and answer.

1.

2.

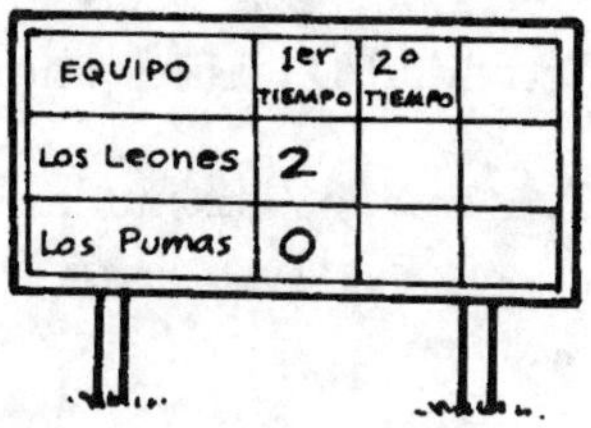

3.

4.

5.

6.

7.

8.

Actividad C Listen and answer.

1. Marta y Ramón
2. 3:30
3. Luis Sepúlveda
4. sí
5. los jugadores
6. el árbitro
7. el estadio
8. dos

Actividad D Listen and answer.

Example: *(You hear)* Juan es de España, ¿no?
(You see) México
(You say) No, no es español. Es mexicano.

1. España
2. Puerto Rico
3. Alemania
4. Nicaragua
5. Francia
6. Norteamérica
7. Argentina
8. Canadá

CONVERSACIÓN

Actividad E Listen.

Actividad F Listen and choose.

1. sí no
2. sí no
3. sí no
4. sí no
5. sí no
6. sí no
7. sí no

PRONUNCIACIÓN

Actividad G Pronunciación: *Las consonantes* s, c, z

The consonant *s* is pronounced the same as the *s* in *sing*. Listen and repeat after the speaker.

The consonant *c* in combination with *e* or *i* *(ce, ci)* is pronounced the same as an *s* in all areas of Latin America. In many parts of Spain, *ce* and *ci* are pronounced *th*. Likewise the pronunciation of *z* in combination with *a, o, u (za, zo, zu)* is pronounced the same as an *s* throughout Latin America and as a *th* in most areas of Spain. Listen and repeat after the speaker.

Nombre ______________________ Fecha ______________

SEGUNDA PARTE

Actividad A Look, listen, and choose.

1. Es un partido de ______.

   a. baloncesto b. béisbol c. fútbol

2. Los dos equipos son Madrid y ______.

   a. Real b. Barcelona c. Vargas

3. Quedan ______ minutos en el segundo tiempo.

   a. dos b. tres c. cinco

4. Vargas lanza el balón con ______.

   a. la cabeza b. el pie c. la mano

5. Meten un gol en el ______ minuto del partido.

   a. primer b. tercer c. último

6. El resultado del partido es ______.

   a. una victoria para Madrid b. un juego empatado c. que Vargas pierde

Actividad B Listen and choose.

1. a b c 2. a b c 3. a b c

Actividad C Look, listen, and choose.

Lanzadores Designados para Hoy

Los siguientes son los lanzadores designados para abrir los partidos de hoy martes en el Béisbol de Grandes Ligas. La hora señalada corresponde al tiempo del este de Estados Unidos (cuatro horas menos que gmt).

Liga Americana

______ California (Blyleven 9-2) en Toronto (Key 7-9), 7:35 p.m.

______ Seattle (Johnson 3-1) en Baltimore (Ballard 10-4), 7:35 p.m.

______ Oakland (Davis 7-4) en Detroit (Tanana 7-9), 7:35 p.m.

______ Cleveland (Black 7-7) en Minnesota (Viola 7-10), 8:05 p.m.

______ Nueva York (Hawkins 11-8) en Chicago (Reuss 7-5), 8:30 p.m.

______ Milwaukee (August 9-7) en Kansas City (Gubicza 8-7), 8:35 p.m.

Boston (Clemens 10-6) en Texas (Witt 7-8), 8:35 p.m. ______

Liga Nacional

Houston (Clancy 5-6) en Nueva York (Fernández 7-3), 7:35 p.m. ______

Atlanta (P.Smith 2-11) en Montreal (D. Martínez 10-1), 7:35 p.m. ______

Filadelfia (Ruffin 3-3) en Cincinnati (Jackson 6-9), 7:35 p.m. ______

Pittsburgh (Walk 7-5) en San Diego (Hurst 7-7), 10:05 p.m. ______

San Luis (Hill 5-5) en San Francisco (D.Robinson 7-6), 10:35 p.m. ______

Chicago (Maddux 9-7) en Los Angeles (Hershiser 10-7), 10:35 p.m. ______

Nombre ____________________________ Fecha ____________________

CAPÍTULO 8

UN VIAJE EN AVIÓN

PRIMERA PARTE

VOCABULARIO

Palabras 1

Actividad A Listen and repeat.

Actividad B Listen and choose.

Nombre ______________________ Fecha ______________

Actividad C Listen and repeat.

Actividad D Look, listen, and answer.

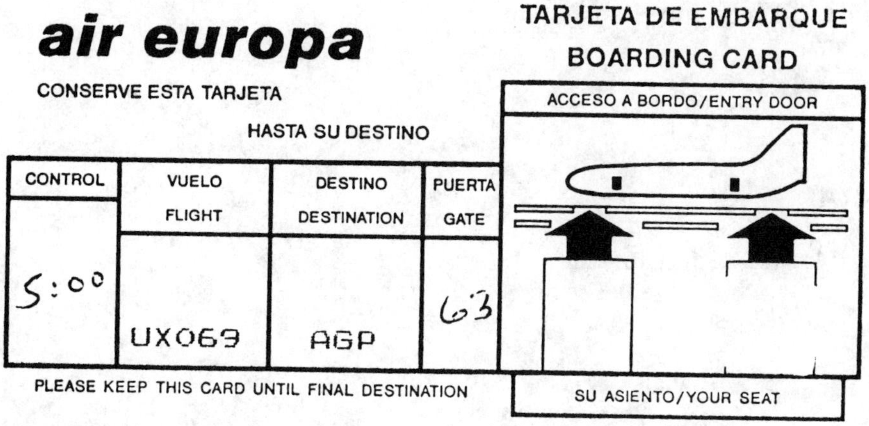

Actividad E Listen and choose.

1. a b c
2. a b c
3. a b c
4. a b c
5. a b c

Palabras 2

Actividad F Listen and repeat.

Actividad G Listen and choose.

Actividad H Listen and choose.

1. sí no 2. sí no 3. sí no 4. sí no 5. sí no

Actividad I Listen and choose.

1. a b c 3. a b c 5. a b c

2. a b c 4. a b c 6. a b c

ESTRUCTURA

Actividad A Listen and answer.

1. sí
2. un viaje
3. sí
4. la ropa
5. sí, libros
6. refrescos
7. a las cuatro

Actividad B Listen and answer.

1. comer
2. jugar al béisbol
3. enseñar
4. estudiar
5. traer los boletos
6. venir al reclamo
7. salir ahora

Actividad C Listen and answer.

1. 3:00
2. 3:30
3. 4:00
4. 4:30
5. 5:00
6. 5:30

Actividad D Listen and answer.

Example: *(You hear)* ¿Habla Juan?
(You say) Sí, está hablando.

Actividad E Listen and answer.

Example: *(You hear)* Y ahora, ¿qué hace Juan?
(You see) comer
(You say) Está comiendo.

1. estudiar
2. trabajar
3. escribir
4. aterrizar
5. inspeccionar el equipaje
6. cerrar la maleta

CONVERSACIÓN

Actividad F Listen.

Actividad G Listen and choose.

1. a b c
2. a b c
3. a b c
4. a b c
5. a b c
6. a b c
7. a b c

PRONUNCIACIÓN

Actividad H Pronunciación: *La consonante* c

You have already learned that *c* in combination with *e* or *i (ce, ci)* is pronounced like an *s*. The consonant *c* in combination with *a, o, u (ca, co, cu)* has a hard *k* sound. Listen and repeat after the speaker.

Since *ce, ci* have the soft *s* sound, *c* changes to *qu* when it combines with *e* or *i (que, qui)* in order to maintain the hard *k* sound. Listen and repeat after the speaker.

SEGUNDA PARTE

Actividad A Listen and choose.

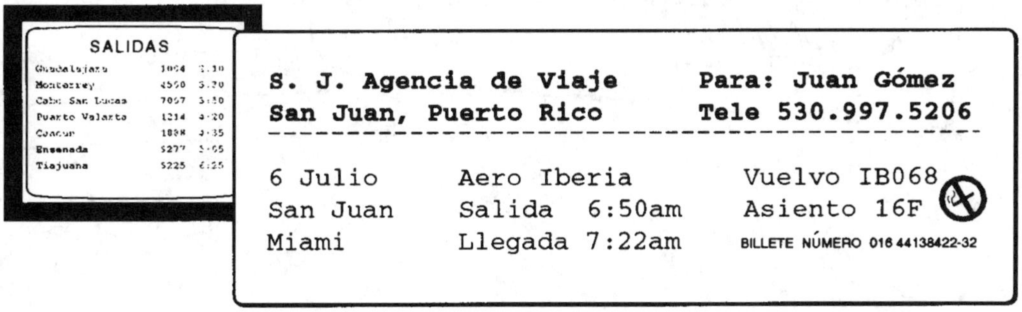

1. sí no 2. sí no 3. sí no 4. sí no 5. sí no

Nombre ______________________ Fecha ______________

Actividad B Listen and answer.

G00977795 1

Este pasaporte contiene 32 páginas.
(CE PASSEPORT CONTIENT 32 PAGES)

DIEZ PESETAS

PASAPORTE-PAS...

ESPAÑA - ESPAGNE

SA Número (NUMÉRO) 4.695/79

Nombre y Apellidos (PRÉNOM ET NOMS) D. José Luis-Ruiz Rivas-

Y de su esposa Dª (ET DE SON ÉPOUSE)

Nacionalidad (NATIONALITÉ) Española de origen

2

Señas Personales.- (SIGNALEMENT)

Profesión (PROFESSION) Estudiante

Estado civil (ÉTAT CIVIL) Soltero

Lugar y fecha de nacimiento (LIEU ET DATE DE NAISSANCE) Málaga 19 agosto 1.962

D. N. I. nº (CARTE D'IDENTITÉ) 7.852.466

Domicilio (DOMICILE) Tejares

Esposa (ÉPOUSE)

Lugar y fecha de nacimiento (LIEU ET DATE DE NAISSANCE)

D. N. I. nº (CARTE D'IDENTITÉ)

Hijos Menores de 14 años (ENFANTS DE MOINS DE 14 ANS)

Nombre (PRÉNOMS) Edad (ÂGES) Sexo (SEXE)

Actividad C Listen and answer.

Horario de vuelos

Llegadas internacionales a Guatemala

Guat.	Compañía	Vuelo	Equipo	Escalas Rutas
12:59	American	927	257	Miami/Guatemala
18:35		929	72M	Miami/Guatemala
20:33		991	72S	Dallas/Guatemala
06:30	Aviateca	961	733	Los Angeles/Guatemala
08:20		900	733	San José/MGA/Guatemala
08:40		021	733	Flores/Guatemala
15:30		911	73S	México/Guatemala
16:10		901	733	Miami/Guatemala
16:50		921	733	Houston/Mérida/Guatemala
16:40		023	733	Flores/Guatemala
21:10		951	733	Miami/Guatemala
20:19	Continental	1461	72S	Houston/Guatemala
12:00	Copa	110	737	Panamá/San José/Guatemala
20:00		318	737	Panamá/SJO/MGA/SAL/Guate.
08:20	Iberia	6105	D10	Madrid/Miami/Guatemala
16:45	KLM	745	B-747-400	Amsterdam/México/Guatemala (Miércoles, viernes y domingo)

Salidas internacionales de Guatemala

Guat.	Compañía	Vuelo	Equipo	Escalas/Rutas
08:15	American	928	757	Guatemala/Miami
13:59		930	72S	Guatemala/Miami
11:20		990	757	Guatemala/Dallas
18:50	Aviateca	960	733	Guatemala/Los Angeles
07:20		961	733	Guatemala/Sal/Managua
17:40		901	733	Guatemala/Managua/San José
07:00		022	73S	Guatemala/Flores
15:00		020	73S	Guatemala/Flores
09:50		910	73S	Guatemala/México
09:00		900	733	Guatemala/Miami
12:30		950	73S	Guatemala/Miami
08:30		920	73S	Guatemala/Mérida/Houston
17:30		930	73S	Guatemala/Flores/Cancún
08:00	Continental	1122	72S	Guatemala/Houston
07:00	Copa	317	737	Guat./Sal/MGA/SJO/Panamá
14:30		111	737	Guatemala/San José/Guatemala
11:10	Iberia	6104	D10	Guatemala/Miami/Madrid
18:45	KLM	746	B-747-400	Guatemala/México/Amsterdam (Miércoles, viernes y domingo)

Actividad D Look, listen, and choose.

1. Who is speaking?

   a. the pilot **b.** the flight attendant **c.** the airport announcer

2. What is the destination?

   a. North Carolina **b.** Caracas **c.** Buenos Aires

3. About how many hours is the flight?

   a. 7 **b.** 9 **c.** 12

4. At what time will they land?

   a. 9:10 A.M. **b.** 11:00 A.M. **c.** 12:20 P.M.

5. At what altitude are they?

   a. 1,100 meters **b.** 11,000 meters **c.** 111,000 meters

6. What is their air speed?

   a. 120 kph **b.** 1,200 kph **c.** 12,000 kph

7. In what direction are they flying?

   a. north **b.** south **c.** west

8. What countries will they fly over?

   a. Brazil and Uruguay **b.** Chile and Bolivia **c.** Spain and Portugal

9. How many flight attendants are on board?

   a. 12 **b.** 18 **c.** 20

CAPÍTULO

9

DEPORTES Y ACTIVIDADES DE INVIERNO

PRIMERA PARTE

VOCABULARIO

Palabras 1

Actividad A Listen and repeat.

Actividad B Listen and choose.

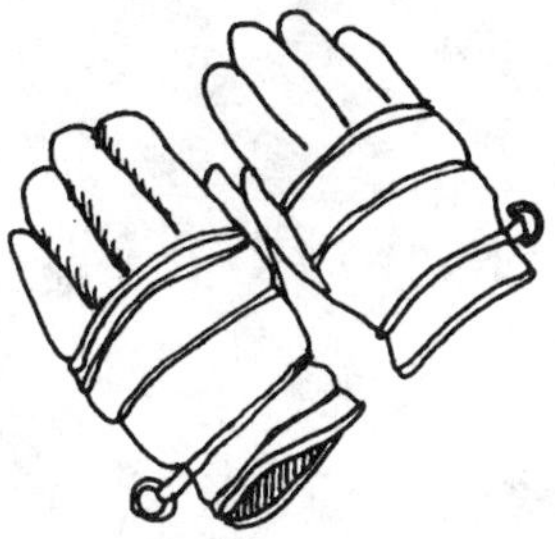

____

____

____

____

____

____

____

____

Nombre ______________________ Fecha ______________

Actividad C Listen and repeat.

Actividad D Listen and choose.

1. sí no 2. sí no 3. sí no 4. sí no 5. sí no

Actividad E Listen and repeat.

Actividad F Listen and choose.

1. sí no 2. sí no 3. sí no 4. sí no

Actividad G Listen and choose.

1. a b c 3. a b c 5. a b c

2. a b c 4. a b c 6. a b c

Palabras 2

Actividad H Listen and repeat.

Nombre ______________________ Fecha ______________

Actividad I Listen and choose.

1. sí no 2. sí no 3. sí no 4. sí no 5. sí no

Actividad J Listen.

Actividad K Listen and choose.

1. sí no 2. sí no 3. sí no 4. sí no 5. sí no

ESTRUCTURA

Actividad A Listen and choose.

1.	saber	conocer	4.	saber	conocer	7.	saber	conocer
2.	saber	conocer	5.	saber	conocer	8.	saber	conocer
3.	saber	conocer	6.	saber	conocer	9.	saber	conocer

Actividad B Listen and choose.

1. a b c 3. a b c 5. a b c

2. a b c 4. a b c

Actividad C Listen and answer.

Example: *(You hear)* ¿Qué libro quieres?
(You see) allí
(You say) Quiero ese libro.

1. allí 3. allá 5. allá 7. aquí

2. aquí 4. aquí 6. allí 8. allí

Nombre ______________________________ Fecha ____________________

CONVERSACIÓN

Actividad D Listen.

Actividad E Listen and complete.

1. Carmen sabe esquiar pero no es ____________________.
2. Ella quiere esquiar más pero no ____________________.
3. No hay una ____________________ de esquí cerca de donde ella vive.
4. Donde ella vive no hay montañas, sólo ____________________.
5. Su amigo recomienda el esquí de ____________________.

PRONUNCIACIÓN

Actividad F Pronunciación: *La consonante* g

The consonant *g* has two sounds, hard and soft. You will study the soft sound in Chapter 10. *G* in combination with *a, o, u (ga, go, gu)* is pronounced somewhat like the *g* in the English word *go.* To maintain this hard *g* sound with *e* or *i*, a *u* is placed after the *g: gue, gui.* Listen and repeat after the speaker.

SEGUNDA PARTE

Actividad A Listen and answer.

1. What is the ad for?

   a. ski trips **b.** skating lessons **c.** sportswear

2. How many days is the stay at the resort?

   a. 4 **b.** 8 **c.** 12

3. What is the destination?

   a. Buenos Aires **b.** Córdoba **c.** Bariloche

4. How many departures are there per week?

   a. 2 **b.** 4 **c.** 8

5. What is the means of transportation?

   a. bus **b.** train **c.** plane

Nombre ______________________________ Fecha ____________________

6. What is the price?

a. 500 pesos b. 5,000 pesos c. 15,000 pesos

7. What is the address of the agency?

a. Córdoba 81 b. Buenos Aires 80 c. Gorostiza 88

8. What is their phone number?

a. 312-69-75 b. 312-67-59 c. 312-77-69

Actividad B Listen and choose.

round-trip air travel

hotel room

all meals

all ski equipment: skis, poles, boots, etc.

unlimited passes to the slopes

bus transportation from the hotel to the slopes

classes for beginners

Actividad C Listen and answer.

Para viajeros

España	M.	m.	S.	España	M.	m.	S.	España	M.	m.	S.	Extran.	M.	m.	S.
Albacete	12	6	Ll	Huelva	16	8	Ll	Palma	18	8	C	Amsterdam	14	4	C
Algeciras	16	12	P	Huesca	13	7	Ll	Pamplona	8	7	Ll	Atenas	16	12	C
Alicante	18	14	Ll	Ibiza	17	11	Ll	Pontevedra	14	4	P	Berlín	6	−2	D
Almería	17	12	P	Jaén	14	7	Ll	Salamanca	3	0	N	Bruselas	12	8	C
Avila	4	−1	N	Jerez	16	8	C	S. Sebastián	11	8	Ll	B. Aires	22	8	D
Badajoz	14	7	P	La Coruña	14	11	C	Santander	11	8	Ll	Copenhague	8	5	D
Barcelona	20	12	Ll	Lanzarote	22	16	P	Santiago	11	4	C	Dublín	11	5	C
Bilbao	11	9	Ll	Las Palmas	22	17	C	Segovia	3	0	N	Estocolmo	7	3	D
Burgos	3	1	Ll	León	9	3	Ll	Sevilla	14	9	P	Francfort	10	2	D
Cáceres	8	6	C	Lérida	16	8	Ll	Soria	4	3	Ll	Ginebra	7	5	C
Cádiz	17	11	C	Logroño	7	6	Ll	Tarragona	18	14	Ll	Lisboa	14	9	P
Castellón	15	11	Ll	Lugo	12	1	P	Tenerife	23	17	C	Londres	11	8	C
Ceuta	15	12	P	Mahón	19	11	P	Teruel	9	5	Ll	México	23	8	D
C. Real	7	6	Ll	Málaga	21	12	Ll	Toledo	12	7	Ll	Milán	10	8	C
Córdoba	10	9	Ll	Melilla	17	13	P	Valencia	17	14	Ll	Moscú	-10	-13	D
Cuenca	10	5	Ll	Murcia	16	14	P	Valladolid	5	1	Ll	Niza	16	14	D
Gerona	15	12	C	Orense	12	4	P	Vitoria	7	6	Ll	Nueva York	12	6	C
Granada	14	12	C	Oviedo	11	5	Ll	Zamora	10	7	Ll	París	12	8	P
Guadalajara	10	6	Ll	Palencia	10	4	P	Zaragoza	10	8	Ll	Roma	18	13	C

ABREVIATURAS.–M.: Temperatura máxima.–m.: Temperatura mínima.–S.: Situación ambiental.–D.: Despejado.–C.: Cubierto.–Ll.: Lluvias.–P.: Parcialmente cubierto.–T.: Tormentas.–N.: Nieve.–n.: Niebla.–Ch.: Chubascos.–(Datos del INM.)

Nombre ______________________ Fecha ______________

Actividad D Listen and choose.

1. **a.** prices **b.** the weather **c.** hours
2. **a.** transportation **b.** facilities **c.** rooms
3. **a.** lessons **b.** the weather **c.** food
4. **a.** rooms **b.** hours **c.** transportation
5. **a.** the weather **b.** prices **c.** hours
6. **a.** food **b.** transportation **c.** lessons
7. **a.** rooms **b.** facilities **c.** the weather
8. **a.** facilities **b.** lessons **c.** prices
9. **a.** transportation **b.** the weather **c.** hours

CAPÍTULO 10

LA SALUD Y EL MÉDICO

PRIMERA PARTE

VOCABULARIO

Palabras 1

Actividad A Listen and repeat.

Actividad B Listen and choose.

Actividad C Listen and choose.

1. a b c **3.** a b c **5.** a b c

2. a b c **4.** a b c **6.** a b c

Palabras 2

Actividad D Listen and repeat.

Actividad E Listen and choose.

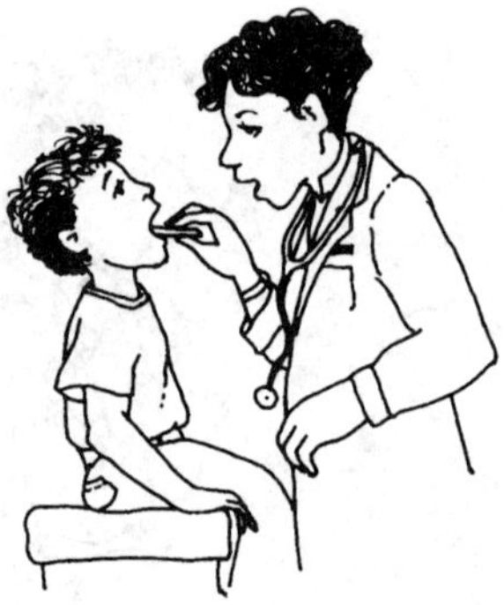

Actividad F Listen and repeat.

Actividad G Listen and choose.

1. sí no
2. sí no
3. sí no
4. sí no
5. sí no
6. sí no

ESTRUCTURA

Actividad A Listen and answer.

1. alto, rubio
2. simpáticos
3. no, antipática
4. sí
5. grande, moderna
6. Gonzalo
7. inteligente, simpático(a)
8. interesante
9. difícil

Actividad B Listen and answer.

1. enfermo
2. bien
3. aburridos
4. cansados
5. triste
6. no, tranquilos
7. contenta

Actividad C Listen and create.

Example: *(You see)* el médico / muy bueno
(You say) El médico es muy bueno.

1. la médica / inteligente
2. su consulta / moderna
3. el enfermero / muy bueno
4. la muchacha / enferma
5. la consulta / en el edificio Burgos
6. el edificio / alto
7. el paciente / el hospital
8. el hospital / viejo

Actividad D Listen and choose.

1. location origin	4. location origin	7. location origin
2. location origin	5. location origin	8. location origin
3. location origin	6. location origin	9. location origin

Actividad E Listen and choose.

1.	characteristic	condition	origin	location
2.	characteristic	condition	origin	location
3.	characteristic	condition	origin	location
4.	characteristic	condition	origin	location
5.	characteristic	condition	origin	location
6.	characteristic	condition	origin	location
7.	characteristic	condition	origin	location
8.	characteristic	condition	origin	location
9.	characteristic	condition	origin	location

Nombre ______________________ Fecha ______________

Actividad F Listen and answer.

Example: *(You hear)* ¿Qué te duele, Margarita?
(You see) la garganta
(You say) Me duele la garganta.

1. la enfermera	3. la médica	5. no	7. sí
2. la cabeza	4. unas pastillas	6. nadie	8. el farmacéutico

CONVERSACIÓN

Actividad G Listen.

Actividad H Listen and choose.

1. a b	3. a b	5. a b
2. a b	4. a b	6. a b

PRONUNCIACIÓN

Actividad I Pronunciación: *La consonante* j

The Spanish *j* sound does not exist in English. In Spain the *j* sound is very guttural (coming from the throat). In Latin America the *j* is much softer. Listen and repeat after the speaker.

G in combination with *e* or *i* *(ge, gi)* has the same sound as the *j*. For this reason you must pay particular attention to the spelling of the words with *je, ji, ge,* and *gi*. Listen and repeat after the speaker.

SEGUNDA PARTE

Actividad A Listen and choose.

_____ I don't take any medication.

_____ I do aerobic exercises.

_____ Do I need vitamins?

_____ I eat a lot of fiber.

_____ Do I have to go on a diet?

_____ I don't have allergies.

_____ What is your diagnosis?

_____ I consume few calories.

_____ What are my symptoms?

Nombre ______________________ Fecha ______________

Actividad B Listen and complete.

Actividad C Listen and answer.

FARMACIAS

■ MALAGA.
9.30 a 22.00: Gonzalo Lazárraga, Puente Palmilla. M. Carmen Escuder, Camino Suárez 59. Luisa M. Villén, avda. Europa 111. Carlos Pérez, Plaza Merced 9. Matilde Rubio, Montes de Oca 18. Ignacio Muñoz, avda. Sor Tsa. Prat 54. Miguel D. Narváez, avda. Andalucía 61.
22.00 a 9.30: Luis del Río, avda. Paloma 8. M. Teresa Gómez, Diego V. Otero 3. José L. León, Plaza Verdiales 9 bajo 1.

■ ANTEQUERA. Cándido Vidal, Cantareros 24.

■ BENALMADENA. Antonio G–Guillamón, ctra. Cádiz km. 227 (Maite I).

■ ESTEPONA. Eloisa García, Adolfo Suárez 2.

■ FUENGIROLA. Rosario Mena, Nuevo Mijas 6, local 3.

■ MARBELLA. Pilar Pérez, avda. Ricardo Soriano edif. Altamira.

■ RINCON DE LA VICTORIA. José Abaurre. Avda. Mediterráneo, 75.

■ RONDA. Serrano, calle Espinel.

■ TORRE DEL MAR. Conchita R. Díaz, calle del Mar 24.

■ TORREMOLINOS. Armando Chocróm, avda. Principal (Playamar).

■ VELEZ MALAGA. Alfonso Zarza, Lope de Vega 5.

Actividad D Listen and complete.

1. The ad is for people with ______________________.
2. The name of the product is ______________________.
3. It is an ______________________.
4. It can be obtained in a ______________________.
5. It comes in the form of ______________________.
6. It is available in ______________________ sizes.

Nombre ______________________ Fecha ______________

CAPÍTULO 11

ACTIVIDADES DE VERANO

PRIMERA PARTE

VOCABULARIO

Palabras 1

Actividad A Listen and repeat.

Actividad B Listen and choose.

Actividad C Listen and repeat.

Actividad D Listen and choose.

1.	sí	no	4.	sí	no	7.	sí	no
2.	sí	no	5.	sí	no	8.	sí	no
3.	sí	no	6.	sí	no	9.	sí	no

Actividad E Listen and choose.

1.	a	b	c	5.	a	b	c
2.	a	b	c	6.	a	b	c
3.	a	b	c	7.	a	b	c
4.	a	b	c				

Palabras 2

Actividad F Listen and repeat.

Actividad G Listen and choose.

____

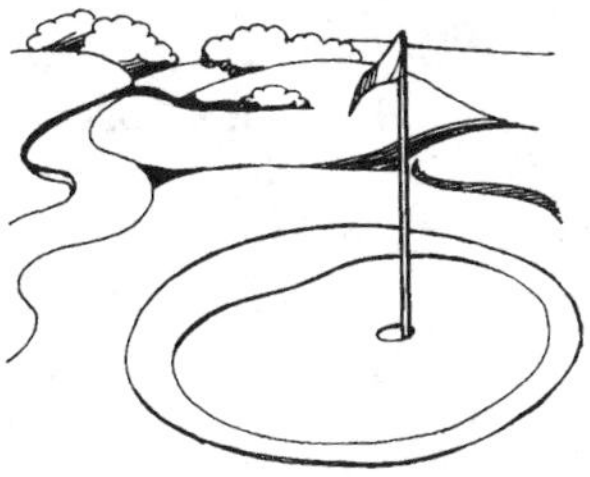

____

____

Nombre ______________________ Fecha ______________

Actividad H Listen and choose.

1.	sí	no	4.	sí	no	7.	sí	no
2.	sí	no	5.	sí	no	8.	sí	no
3.	sí	no	6.	sí	no	9.	sí	no

ESTRUCTURA

Actividad A Listen and answer.

1. la playa
2. 1:00
3. sí
4. una toalla y una silla plegable
5. no
6. sí, Laura
7. no
8. 6:00

Actividad B Listen, answer, and ask.

Example: *(You hear)* ¿Uds. nadaron?
(You say) Sí, nadamos. Y tú, ¿nadaste?

Actividad C Listen and ask.

Example: *(You hear)* Ayer cantamos.
(You see) dónde
(You say) ¿Dónde cantaron Uds.?

1. dónde
2. a qué
3. a quiénes
4. dónde
5. qué
6. para qué

Actividad D Listen and answer.

Example: *(You hear)* ¿Los anteojos de sol?
(You say) Sí, los tengo.

Actividad E Listen and answer.

1. a la playa
2. no
3. Luisa
4. a las dos
5. en carro

Actividad F Listen and answer.

1. doña Teresa
2. yo
3. los amigos
4. nosotros
5. tú

CONVERSACIÓN

Actividad G Listen.

Actividad H Listen and choose.

1. sí no	**3.** sí no	**5.** sí no	**7.** sí no
2. sí no	**4.** sí no	**6.** sí no	**8.** sí no

PRONUNCIACIÓN

Actividad I Pronunciación: *La consonante* r

The Spanish trilled *r* sound does not exist in English. When a word begins with an *r* (initial position), the *r* is trilled. Within the word, double *r (rr)* is also pronounced as a trilled sound. Listen and repeat after the speaker.

The sound for a single *r* within a word (medial position) does not exist in English either. It is trilled less than the initial *r* or *rr.* Listen and repeat after the speaker.

SEGUNDA PARTE

Actividad A Look, listen, and choose.

1. ¿Para quiénes es el anuncio?

   a. para personas que quieren trabajo **b.** para enfermos

   c. para personas que van de vacaciones

2. ¿Cuál es el nombre del lugar que anuncian?

   a. Palmas del Mar **b.** Vistas de Palma **c.** San Juan

3. ¿Dónde está el lugar?

   a. en un lago **b.** en las montañas **c.** en la costa

4. ¿Qué deporte no menciona el anuncio?

   a. el esquí acuático **b.** el golf **c.** el tenis

5. ¿Qué pueden hacer las personas que no quieren hacer deportes?

   a. tomar el sol **b.** ir a San Juan **c.** esquiar

6. ¿A cuántos kilómetros de San Juan está?

   a. cuatro **b.** catorce **c.** cuarenta

Nombre ______________________ Fecha ______________

Actividad B Look, listen, and write.

1. What kind of product is being advertised?

____

2. What is the name of the product?

____

3. Where should you take it?

____

4. What will it do for you?

____

5. How much does it cost?

____

Actividad C Listen and complete.

1. The reporter is in the town of ______________.
2. This town is in the area or region of ______________.
3. In Castilla la Mancha there are over 80 ______________.
4. They are suitable for the following activities: ______________.
5. They are also excellent for fishing when there is ______________.
6. Some of them have fresh water and others have salt ______________.
7. They contain mud that is supposed to be good for a number of ______________.
8. Some of them are ______________ and ______________.
9. Many of these lagoons are excellent for ______________ and foreign tourism.
10. They are usually very ______________, something that is hard to find today.

Nombre ______________________________ Fecha ____________________

CAPÍTULO

12

ACTIVIDADES CULTURALES

PRIMERA PARTE

VOCABULARIO

Palabras 1

Actividad A Listen and repeat.

Actividad B Listen and choose.

____

____

____

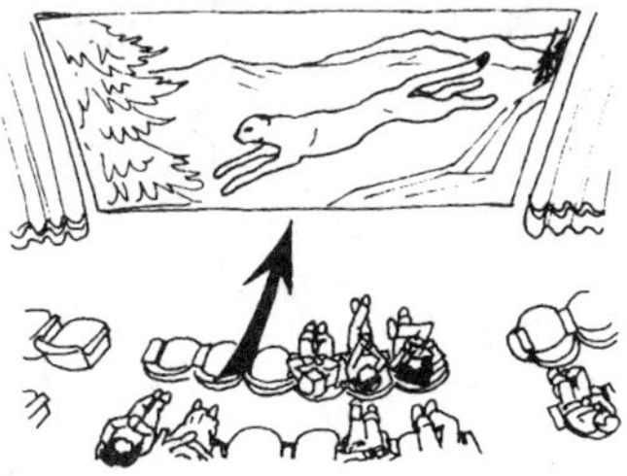

____

____

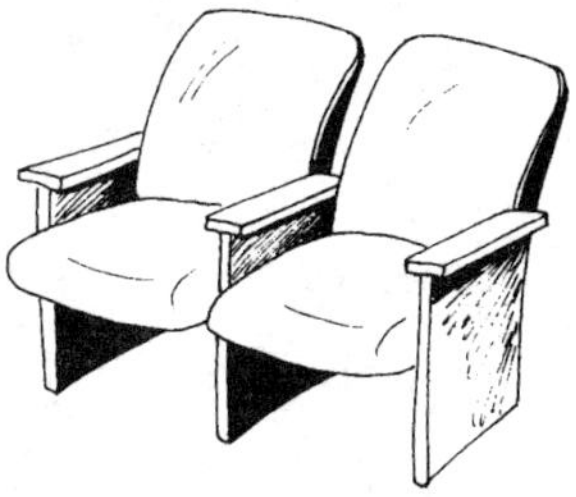

____

Actividad C Listen and repeat.

Actividad D Listen and choose.

1. a b c **4.** a b c

2. a b c **5.** a b c

3. a b c

Nombre ______________________ Fecha ______________

Actividad E Listen and choose.

1. **a.** en la pantalla **b.** en la butaca **c.** en la taquilla
2. **a.** entradas **b.** butacas **c.** películas
3. **a.** taquillas **b.** películas **c.** filas
4. **a.** butacas **b.** pantallas **c.** entradas
5. **a.** una entrada **b.** una fila **c.** una taquilla
6. **a.** en una pantalla **b.** en una butaca **c.** en una entrada

Actividad F Listen and choose.

1. sí no	3. sí no	5. sí no	7. sí no
2. sí no	4. sí no	6. sí no	8. sí no

Actividad G Listen and repeat.

Actividad H Listen and choose.

1. **a.** en el cine **b.** en el museo **c.** en el mural
2. **a.** estatuas **b.** escultores **c.** artistas
3. **a.** músicos **b.** escultores **c.** turistas
4. **a.** un cuadro **b.** un museo **c.** un artista
5. **a.** una escultura **b.** una exposición **c.** un mural
6. **a.** al cine **b.** al concierto **c.** a una exposición de arte
7. **a.** al turista **b.** a la orquesta **c.** al director de orquesta

Palabras 2

Actividad I Listen and repeat.

Actividad J Listen and choose.

1. **a.** un actor **b.** un artista **c.** un telón
2. **a.** una estatua **b.** una butaca **c.** una actriz
3. **a.** el actor **b.** el teatro **c.** el telón
4. **a.** el mesero **b.** la mesa **c.** el público
5. **a.** la propina **b.** la cuenta **c.** el menú
6. **a.** la propina **b.** la cuenta **c.** el menú

Nombre ______________________________ Fecha ____________________

Actividad K Listen and choose.

1. sí no
2. sí no
3. sí no
4. sí no
5. sí no
6. sí no

Actividad L Listen and choose.

1. a b c
2. a b c
3. a b c
4. a b c
5. a b c
6. a b c
7. a b c
8. a b c
9. a b c

ESTRUCTURA

Actividad A Listen and answer.

1. cine
2. película nueva
3. documental
4. 9:00
5. en un restaurante
6. un menú
7. a Josefina
8. 11:00

Actividad B Listen and answer.

1. sí
2. las noticias
3. sí
4. sí
5. no, hablar

Actividad C Listen and answer.

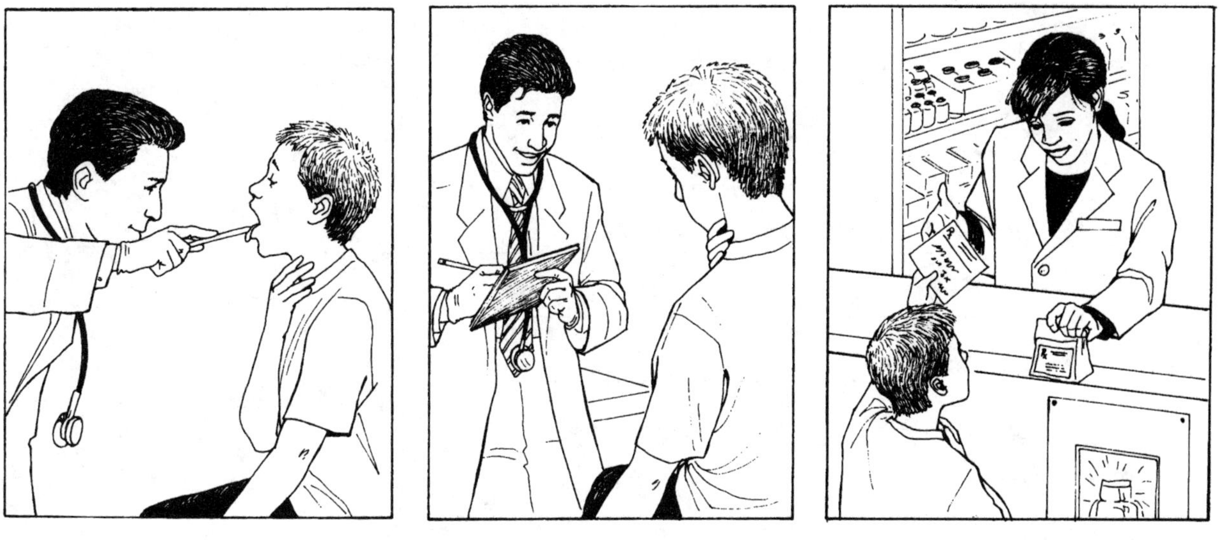

Nombre ______________________ Fecha ______________

CONVERSACIÓN

Actividad D Listen.

Actividad E Listen and choose.

1.	sí	no	3.	sí	no	5.	sí	no
2.	sí	no	4.	sí	no	6.	sí	no

PRONUNCIACIÓN

Actividad F Pronunciación: *La* h, *la* y, *la* ll

The *h* in Spanish is silent. It is never pronounced. Listen and repeat after the speaker.

Y in Spanish can be either a vowel or a consonant. As a vowel it is pronounced exactly the same as the vowel *i*. Listen and repeat after the speaker.

Y is a consonant when it begins a word or a syllable. As a consonant, *y* is pronounced similarly to the English *y* in the word *yoyo*. This sound has several variations throughout the Spanish-speaking world. Listen and repeat after the speaker.

The *ll* is considered a single consonant in Spanish and is a separate letter of the alphabet. In many areas of the Spanish-speaking world it is pronounced the same as the *y*. It too has several variations. Listen and repeat after the speaker.

SEGUNDA PARTE

Actividad A Listen and write.

1. ______________________
2. ______________________
3. ______________________
4. ______________________
5. ______________________
6. ______________________
7. ______________________
8. ______________________
9. ______________________

Nombre ______________________ Fecha ______________

Actividad B Listen and write.

1. What kind of radio broadcast is it?

   ____

2. When was the first performance?

   ____

3. What is the title?

   ____

4. Who is Guillermo Sampere?

   ____

5. What happened to Angelito?

   ____

6. Whom did the parents call?

   ____

7. Where was Angelito found?

   ____

8. Who is Conrado Herrero?

   ____

9. Who is Sandra Arniches?

   ____

10. Where can you see the film?

    ____

11. What is the location of the theater?

    ____

12. What would seem to be a convenient way to get there?

    ____

13. How many shows a day are there?

    ____

Nombre ______________________ Fecha ______________________

Actividad C Look, listen, and write.

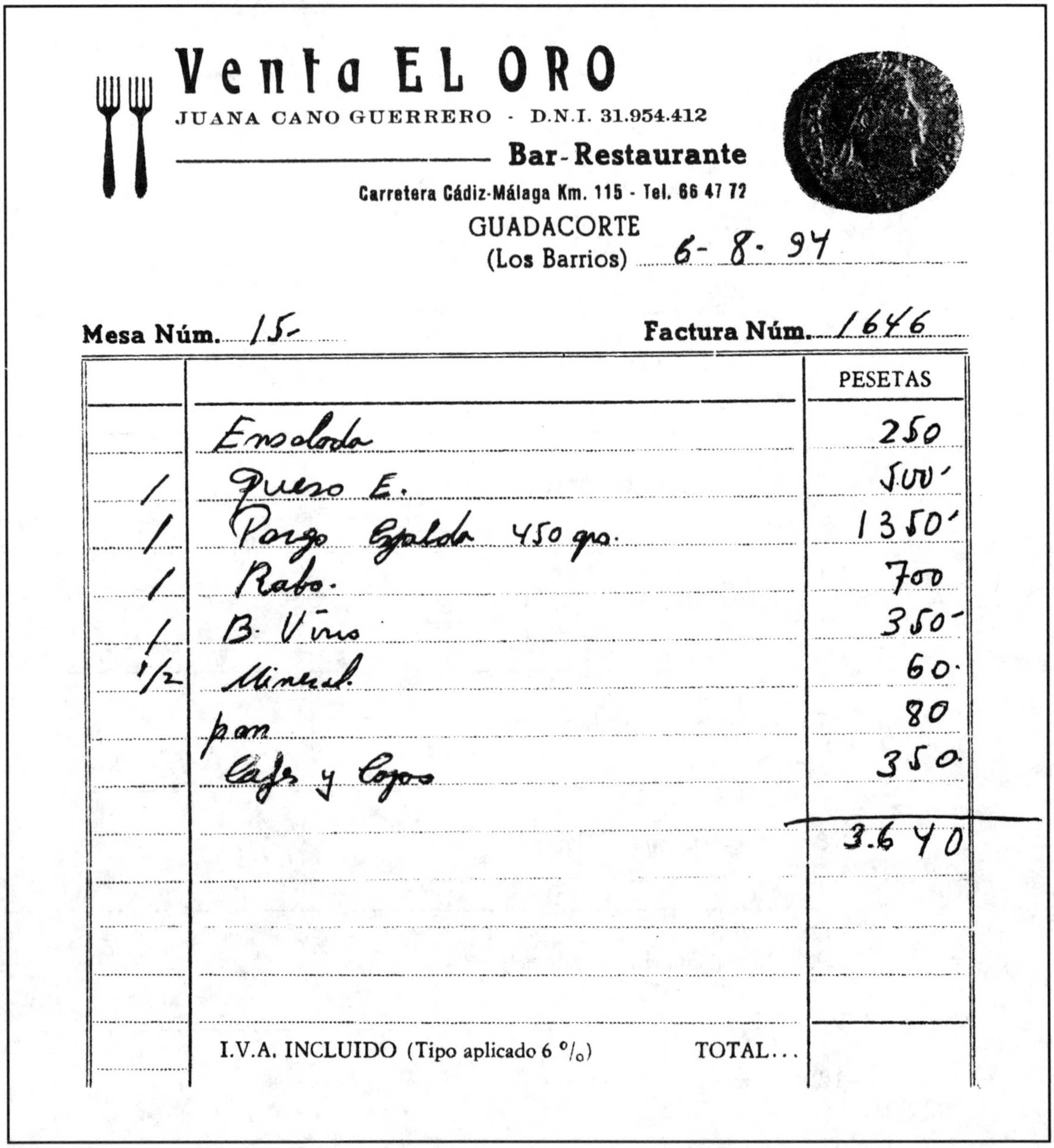

Venta EL ORO

JUANA CANO GUERRERO · D.N.I. 31.954.412

Bar-Restaurante

Carretera Cádiz-Málaga Km. 115 - Tel. 66 47 72

GUADACORTE
(Los Barrios) 6-8-94

Mesa Núm. 15

Factura Núm. 1646

		PESETAS
	Ensalada	250
1	Queso E.	500
1	Porgo Espalda 450 grs.	1350
1	Rabo.	700
1	B. Vino	350
1/2	Mineral	60
	pan	80
	Cafés y Copas	350
		3.640
	I.V.A. INCLUIDO (Tipo aplicado 6 %) TOTAL...	

1. ______________________
2. ______________________
3. ______________________
4. ______________________
5. ______________________
6. ______________________
7. ______________________
8. ______________________
9. ______________________
10. ______________________
11. ______________________
12. ______________________

Nombre ______________________ Fecha ______________

Actividad D Look, listen, and answer.

¿Dónde está nuestro hijo?

Director	Guillermo Sampere	
Actores	Sandra Arniches / Conrado Herrera	
Sesiones	martes y miércoles	8:00 P.M.
	jueves	2:00 P.M. y 8:00 P.M.
	sábado	3:00 P.M. y 9:00 P.M.
	domingo	2:00 P.M. y 8:00 P.M.
	lunes	descanso, no hay función
	¡NO HAY ENTRADAS PARA ESTE SÁBADO!	
Precios	Butacas de patio, filas 1–11	500 pesos
	Butacas de patio, filas 12–26	300 pesos
	Balcones	150 pesos

Nombre ____________________ Fecha ____________________

CAPÍTULO 13

LA ROPY Y LA MODA

PRIMERA PARTE

VOCABULARIO

Palabras 1

Actividad A Listen and repeat.

Actividad B Listen and choose.

Nombre ______________________________ Fecha ____________________

Actividad C Listen and repeat.

Actividad D Listen and choose.

1.	sí	no	3.	sí	no	5.	sí	no	7.	sí	no
2.	sí	no	4.	sí	no	6.	sí	no	8.	sí	no

Actividad E Listen and choose.

1.	a	b	c	3.	a	b	c	5.	a	b	c	7.	a	b	c
2.	a	b	c	4.	a	b	c	6.	a	b	c	8.	a	b	c

Palabras 2

Actividad F Listen and repeat.

Actividad G Listen and choose.

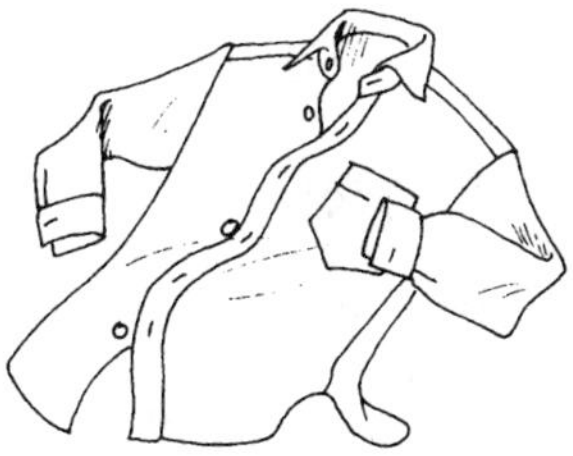

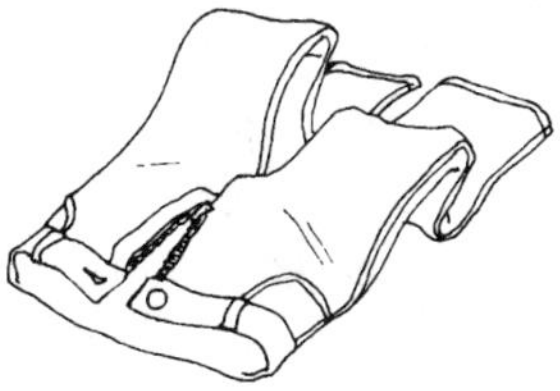

______ ______ ______

______ ______ ______

Actividad H Listen and repeat.

Actividad I Listen and choose.

1. sí no 2. sí no 3. sí no 4. sí no 5. sí no

ESTRUCTURA

Actividad A Listen and answer.

1. la historia
2. la geografía
3. el fútbol
4. el cine
5. no, qué

Actividad B Listen and answer.

Actividad C Listen and answer.

1. a mi amigo
2. no
3. a las muchachas
4. no, patinar
5. el baloncesto
6. las piscinas

Actividad D Listen and answer.

gustar **encantar** **aburrir** **interesar**

Actividad E Listen and answer.

Actividad F Listen and answer.

CONVERSACIÓN

Actividad G Listen.

Actividad H Listen and choose.

1. sí no
2. sí no
3. sí no
4. sí no
5. sí no
6. sí no
7. sí no
8. sí no
9. sí no

PRONUNCIACIÓN

Actividad I Pronunciación: *Las consonantes* ñ y ch

The *ñ* is a separate letter of the Spanish alphabet. The mark over it is called a *tilde.* Note that it is pronounced similarly to the *ny* in the English word *canyon.* Listen and repeat after the speaker.

Ch is also considered a separate letter of the Spanish alphabet. It is pronounced much like the *ch* in the English word *church.* Listen and repeat after the speaker.

SEGUNDA PARTE

Actividad A Listen and choose.

1. sí no **2.** sí no **3.** sí no **4.** sí no **5.** sí no

Actividad B Listen and choose.

1.	**a.** una blusa	**b.** zapatos	**c.** pantalones
2.	**a.** una camisa	**b.** un abrigo	**c.** un sombrero
3.	**a.** sandalias	**b.** una falda	**c.** una corbata
4.	**a.** un cinturón	**b.** un vestido	**c.** zapatos
5.	**a.** una blusa	**b.** calcetines	**c.** un abrigo
6.	**a.** tenis	**b.** medias	**c.** sandalias
7.	**a.** un saco	**b.** un suéter	**c.** un sombrero
8.	**a.** el traje	**b.** la camisa	**c.** el suéter
9.	**a.** las camisetas	**b.** las sandalias	**c.** las medias

Actividad C Listen and answer.

Nombre ______________________ Fecha ______________

Actividad D Listen and answer.

Nombre ____________________ Fecha ____________________

CAPÍTULO 14

UN VIAJE EN TREN

PRIMERA PARTE

VOCABULARIO

Palabras 1

Actividad A Listen and repeat.

Actividad B Listen and choose.

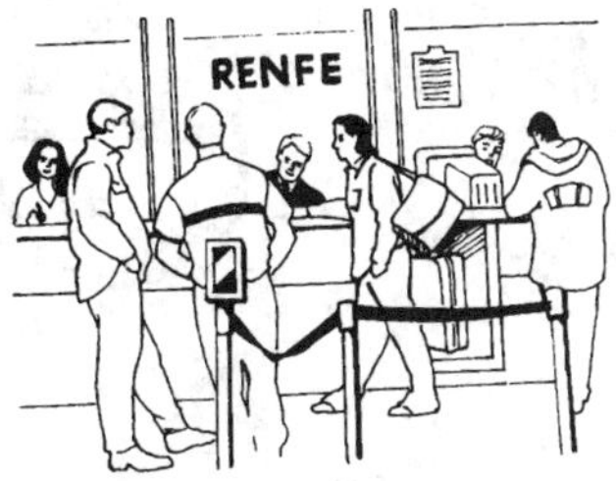

Actividad C Listen and choose.

1.	sí	no	**3.**	sí	no	**5.**	sí	no
2.	sí	no	**4.**	sí	no	**6.**	sí	no

Actividad D Listen and choose.

1.	a	b	c	**4.**	a	b	c	**7.**	a	b	c
2.	a	b	c	**5.**	a	b	c	**8.**	a	b	c
3.	a	b	c	**6.**	a	b	c	**9.**	a	b	c

Palabras 2

Actividad E Listen and repeat.

Actividad F Listen and choose.

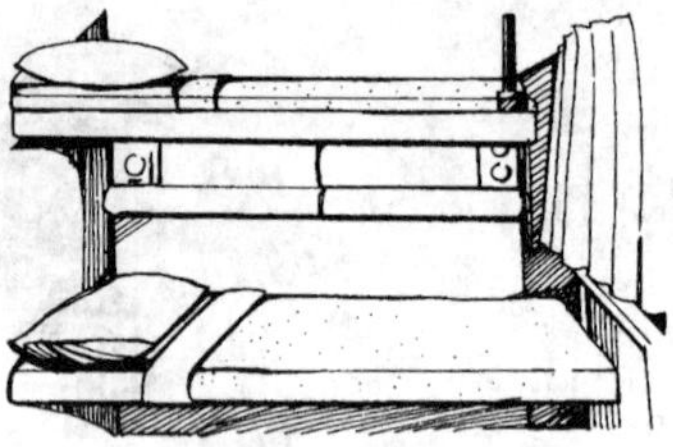

Nombre ______________________ Fecha ______________

Actividad G Listen and choose.

1.	sí	no	4.	sí	no	7.	sí	no
2.	sí	no	5.	sí	no	8.	sí	no
3.	sí	no	6.	sí	no	9.	sí	no

ESTRUCTURA

Actividad A Listen and choose.

1.	a	b	c	4.	a	b	c
2.	a	b	c	5.	a	b	c
3.	a	b	c	6.	a	b	c

Actividad B Listen and choose.

1. a las siete
2. a las cinco
3. en tren
4. el rápido
5. Emilio
6. en segunda
7. sí

Actividad C Listen and choose.

1.	a	b	c	3.	a	b	c	5.	a	b	c
2.	a	b	c	4.	a	b	c	6.	a	b	c

CONVERSACIÓN

Actividad D Listen.

Actividad E Listen and choose.

1.	sí	no	6.	sí	no
2.	sí	no	7.	sí	no
3.	sí	no	8.	sí	no
4.	sí	no	9.	sí	no
5.	sí	no	10.	sí	no

Nombre ______________________________ Fecha ______________________

PRONUNCIACIÓN

Actividad F Pronunciación: *La consonante* x

An *x* between two vowels is pronounced much like the English *x* but a bit softer. Listen and repeat after the speaker.

When *x* is followed by a consonant, it is often pronounced like an *s*. Listen and repeat after the speaker.

SEGUNDA PARTE

Actividad A Listen and write.

	hora	**destino**	**andén**
1.	________	________	________
2.	________	________	________
3.	________	________	________
4.	________	________	________
5.	________	________	________

Actividad B Listen and answer.

RENFE

TREN TARIFA IMPORTE CLASE

200 / 1 1.200 2

MADRID

CHAMARTIN

NO ES VALIDO SIN IMPRESION DE MAQUINA.
ENTREGUESE A LA LLEGADA. INCLUIDO S.O.V.

FECHA BILLETE N.°

21OCT94 6588

Nombre _______________ Fecha _______________

Actividad C Listen and write.

1. Where is this conversation probably taking place?

____

2. What kind of ticket does Gerardo have?

____

3. When does Gerardo plan to return?

____

4. How much is a one-way ticket?

____

5. How much is a round-trip ticket?

____

6. What is the young woman suggesting?

____

Nombre ____________________ Fecha ____________________

CAPÍTULO 15

EN EL RESTAURANTE

PRIMERA PARTE

VOCABULARIO

Palabras 1

Actividad A Listen and repeat.

Actividad B Listen and choose.

1.	sí	no	**4.**	sí	no	**7.**	sí	no
2.	sí	no	**5.**	sí	no	**8.**	sí	no
3.	sí	no	**6.**	sí	no	**9.**	sí	no

Actividad C Listen and choose.

1.	a	b	c	**5.**	a	b	c
2.	a	b	c	**6.**	a	b	c
3.	a	b	c	**7.**	a	b	c
4.	a	b	c				

Nombre ______________________ Fecha ______________

Actividad D Listen and choose.

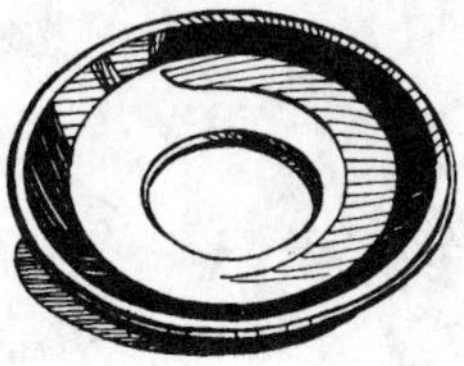 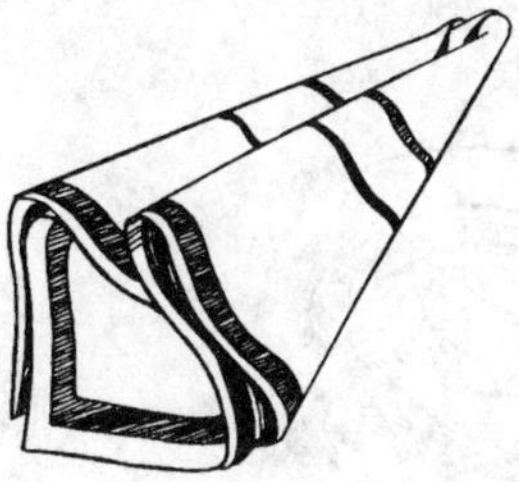 

Palabras 2

Actividad E Listen and repeat.

Actividad F Listen and choose.

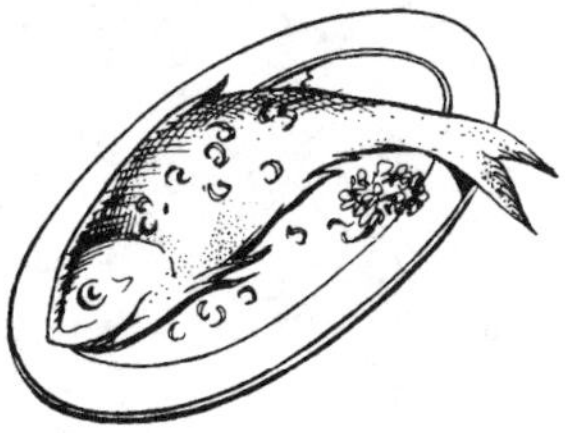  

Nombre ____________________________ Fecha ____________________

Actividad G Listen and answer.

1. 

2. 

3. 

4. 

5. 

6. 

7. 

8. 

9. 

ESTRUCTURA

Actividad A Listen and choose.

1. a b c	**4.** a b c	**7.** a b c
2. a b c	**5.** a b c	**8.** a b c
3. a b c	**6.** a b c	**9.** a b c

Nombre ______________________________ Fecha ____________________

Actividad B Listen and answer.

1. 

2. 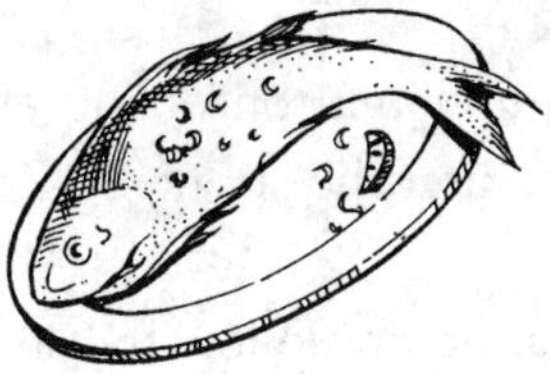

3. 

4. 

5. 

6. 

7. 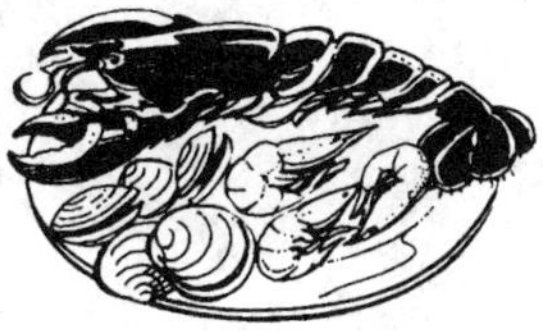

8. 

9. 

CONVERSACIÓN

Actividad C Listen.

Actividad D Listen and choose.

1. sí no	**3.** sí no	**5.** sí no	**7.** sí no
2. sí no	**4.** sí no	**6.** sí no	**8.** sí no

Nombre ______________________________ Fecha ______________________

PRONUNCIACIÓN

Actividad E Pronunciación: *La acentuación*

The rules of stress or accentuation in Spanish are simple. Words ending in a vowel, *n*, or *s* are accented on the next-to-last syllable. Listen and repeat after the speaker.

Words ending in a consonant (except *n* or *s*) are accented on the last syllable. Listen and repeat after the speaker.

Words that do not follow the above rules must have a written accent mark over the stressed syllable. Listen and repeat after the speaker.

A word of one syllable (monosyllabic) does not take an accent unless the same word can have two different meanings. The written accent mark distinguishes between words that are spelled alike but have different meanings. Listen and repeat after the speaker.

SEGUNDA PARTE

Actividad A Listen and choose.

1. ¿De qué trata el anuncio?

   a. del sol **b.** de un viaje **c.** de un restaurante

2. ¿Dónde está el Sol?

   a. en Cuba **b.** en el centro de la ciudad **c.** en todos los países hispanos

3. ¿Qué tipo de comida sirven?

   a. solamente comida hispana **b.** solamente comida cubana

   c. solamente comida mexicana

4. ¿Cuál es la especialidad los martes?

   a. masitas de cerdo a la cubana **b.** paella valenciana

   c. enchiladas de México

5. ¿Qué se puede hacer por teléfono?

   a. reservaciones **b.** paella **c.** pagar

Nombre ______________________________ Fecha ________________

Actividad B Look, listen, and write.

GUIA GASTRONOMICA

Salón Monserrate

Hotel Tequendama

Al almuerzo, variado buffet ejecutivo diferente cada día de la semana. Para cenar, una rica carta de platos internacionales, estupendo servicio de bar, alegría con la orquesta de plata y permanentes shows.

Los Arcos

Hotel La Fontana

Sobre el apacible patio de ladrillos y geranios del hotel La Fontana en un ambiente tropical y elegante, funciona el restaurante Los Arcos. Allí se está dando gran impulso a la "Nueva Cocina Colombiana". Se han inventado platos exquisitos logrando finas y novedosas combinaciones con productos autóctonos

Lunes a Domingo, 7p.m. - 12p.m.

La Biblioteca

Hotel Charleston

El restaurante la Biblioteca en el lobby del hotel Charleston es uno de los más exclusivos y concurridos de Bogotá, sitio ideal para comida en calma, rodeada de lucidez y sabiduría, o para un agradable desayuno de trabajo.

A través de festivales gastronómicos anuales se ha ido formando una carta especializada y exquisita.

Lunes a Domingo, 6a.m. - 12 m.

El Virrey

Siempre informal, mantiene sus puertas abiertas todo el día para desayunar, almorzar, tomar el té y cenar a la manera criolla o internacional.

LaCascada

Paraiso de la cocina italiana en un cálido ambiente amenizado por un pianista y el relajante sonido de la cascada.

1. ______________________________
2. ______________________________
3. ______________________________
4. ______________________________

Nombre ______________________ Fecha ______________

Actividad C Look, listen, and answer.

R E S T A U R A N T E S

COMO MANEJAR EL LISTADO

- **El horario al público de los restaurantes es en la mayoría de los casos de 12,30 a 16 horas y de 20 a 24 horas. En caso contrario se especificará el horario oportunamente.**
- **Para realizar el listado por orden alfabético se han desechado los artículos.**
- **El precio medio es indicativo y facilitado por el propio restaurante.**
- **Cuando no se especifica algún día de cierre significa que el restaurante permanece abierto todos los días de la semana.**

A

☐ **A'ASQUINIÑA.**
Modesto Lafuente, 88. Cocina gallega. Especialidad en mariscos y pescados. Domingo noche, cerrado. Admite tarjetas. Precio medio, de 2.000 a 3.000 pesetas.

☐ **A RODA DE XAN.**
Doctor Esquerdo, 70. Tel. 274 18 22. Cocina gallega. Especialidad en mariscos y pulpo. Admite tarjetas. Precio medio, de 3.000 a 4.000 pesetas.

☐ **¡A TODO MEXICO!**
San Bernardino, 4. Tel. 541 93 59. Plaza República del Ecuador, 4. Tel. 259 48 33. San Leonardo, 3. Tel. 247 54 39. Cocina mexicana. Especialidad en tamales, mole poblado y carnitas. Admite tarjetas. Precio medio, de 1.000 a 2.000 pesetas.

☐ La abadesa
Huertas, 43 Tel. 429 80 63. Especialidad en carnes rojas a la parrilla de carbón y merluza. Cerrado sábados a mediodía y domingos. Precio medio, de 3.000 a 4.000 pesetas. Reservas.

☐ **ABACO.**
Jovellanos, 6 (junto al teatro de la Zarzuela). Tel. 429 78 68. Abierto de 11 de la mañana a 1 de la madrugada. Viernes y sábados, hasta las 3 de la madrugada. Coctelería internacional.

☐ **LA ABUELITA**
Avenida de Badajoz, 25 (Arturo Soria). Tel. 405 49 94. Especialidad en hojaldre de cabrales, bacalao mujelina de ajos y puding especial de chocolate. Domingos y agosto, cerrado. Admite tarjetas. Precio medio de 3.000 pesetas.

☐ **ACTOR'S.**
Basílica, 17. Tel. 455 91 65. América interpreta el sabor italiano. Especialidad en pizzas, pasta y ensaladas.

☐ **ADRISH.**
Plaza Conde Toreno, 2 (detrás de la plaza de España). Cocina hindú. Lunes, cerrado. Admite tarjetas. Precio medio, de 1.500 a 2.000 pesetas.

☐ **AIRIÑOS DO MAR.**
Orense, 39. Tel. 456 00 52. Marisquería. Especialidad en mariscos y pescados. Domingos, cerrado. Admite tarjetas.

☐ **ALDABA.**
Alberto Alcocer, 5. Tel. 457 21 93. Cocina vasco-francesa. Especialidad en merluza bermeana. Sábados mediodía y domingos, cerrado. Admite tarjetas. Precio medio, de 3.000 a 4.000 pesetas.

☐ **ALDAR**
Alberto Alcocer, 27. Tel. 259 68 75. Cocina marroquí. Especialidad en cuscús. Domingos tarde, cerrado. Admite tarjetas. Precio medio, de 3.000 a 3.500 pesetas.

☐ **ALJABA.**
Padre Damián, 38. Tel. 457 36 42-250 52 14. Especialidades: pimientos del piquillo rellenos, pescados a la sal, lenguado relleno de salmón y carnes y pescados a la brasa. Admite tarjetas. Precio medio, 3.000 pesetas.

☐ **ALKALA.**
Valenzuela, 9. Tel. 532 45 09. Cocina internacional. Sábados mediodía y domingos, cerrado. Admite tarjetas. Precio medio, de 2.000 a 3.000 pesetas.

☐ **ALKALDE.**
Jorge Juan, 10. Tel. 276 33 59. Cocina vasca. Especialidad en zarcarrón. Admite tarjetas. Precio medio, de 2.000 a 3.000 pesetas.

☐ **AL-MOUNIA.**
Recoletos, 5. Tel. 275 01 73. Cocina árabe. Especialidades en tallín, pinchos morunos y cordero asado. Domingo y lunes, cerrado. Admite tarjetas. Precio medio, de 4.000 a 5.000 pesetas.

☐ **EL ALUBION.**
Urbanización Cuesta Blanca, carretera de Burgos, km. 8,500. Tel. 653 08 78. Cocina casera. Especialidad en alubia roja y merluza a los puerros. Domingos noche, cerrado. Admite tarjetas. Precio medio, de 2.500 a 3.000 pesetas.

☐ **AMALUR.**
Padre Damián, 37. Tel. 457 62 98. Cocina vasca. Especialidad en lubina en salsa de langosta, merluza frita con pimientos y solomillo. D. Pedro. Sábados mediodía y domingos, cerrado. Cenas ambientadas con piano. Admite tarjetas. Precio medio, de 3.500 a 4.500 pesetas.

☐ **AMARILLO OLIVAR.**
Olivar, 22. Tel. 228 15 11. Cocina de ayer, hoy y siempre. Especialidades en morteruelo, hojaldre de puerros y alburuna. Precio medio, de 1.000 a 1.500 pesetas. Sábados y domingos mediodía, menú a 750 pesetas.

☐ **AMAYA.**
General Martínez Campos, 11. Tel. 448 69 18. Cocina casera. Especialidad en sopas de ajo. Abierto hasta la 1,30 de la madrugada. Agosto, cerrado. Precio medio, 1.000 pesetas.

☐ **EL AMPARO.**
Callejón de Puigcerdá, 8. Tel. 431 64 56. Cocina vasco-francesa. Especialidad en hojaldre de mollejas. Sábados mediodía, domingos, festivos y puentes cerrado. Admite tarjetas. Precio medio, superior a 4.000 pesetas. Dos estrellas Michelín.

☐ **AMPOR.**
Pico de Almanzor, 2, polígono industrial Los Linares (Fuenlabrada). Cocina tradicional, carta y autoservicio. Domingos noche, cerrado. Admite tarjetas.

☐ **ANAHI.**
Morería, 11. Tel. 265 12 14. Especialidad en parrilla o comida criolla. Abierto hasta las 3 de la madrugada. Sábados y domingos, mediodía. Lunes, cerrado. Precio medio, 1.200 pesetas.

☐ **ANNAPURNA.**
Zurbano, 5. Tel. 410 77 27. Cocina india. Especialidad en horno tandoor. Domingos y festivos, cerrado Admite tarjetas.

☐ **ANCORA.**
Orense, 6. Entreplanta. Tel 456 70 79. Cocina gallega. Especialidad en carnes y pescados. Domingos, cerrado. Precio medio, de 2.000 a 2.500 pesetas.

☐ **ANSORENA.**
Capitán Haya, 55. Tel. 279 64 51 Asador. Especialidad en chuletón de buey. Domingos, cerrado. Admite tarjetas. Precio medio, de 2.000 3.000 pesetas.

☐ **APRIORI.**
Argensola, 7. Tel. 410 36 71. Cocina francesa. Sábados mediodía, domin-

Nombre ______________________________ Fecha ____________________

Actividad D Look, listen, and answer.

DESAYUNO

PARA EMPEZAR

Jugos fríos

Una mezcla de café regional
Té y leche

Aperitivo de frutas frescas de temporada

PLATOS PRINCIPALES

TORTILLA DE TOMATE Y ESCALONIAS
Una tortilla rellena con tomates y escalonias,
ofrecida con un filete para el desayuno y papas

•

PANCAKES DE BANANA Y NUECES
Acompañados con miel de arce,
servidos con lomo de cerdo ahumado y brocheta de fruta fresca

CANASTILLA DE PAN

Panecillos surtidos
Mermeladas y mantequilla

MERIENDA

PLATO DE FRUTA Y QUESO
Un surtido de quesos finos,
acompañados con fruta fresca de temporada

•

SALTEÑAS DE CARNE DE RES
Una especialidad local, empanada horneada
con relleno de papas y carne de res

Torta de chocolate al estilo tradicional

Nombre ______________________________ Fecha ____________________

Actividad E Look, listen, and answer.

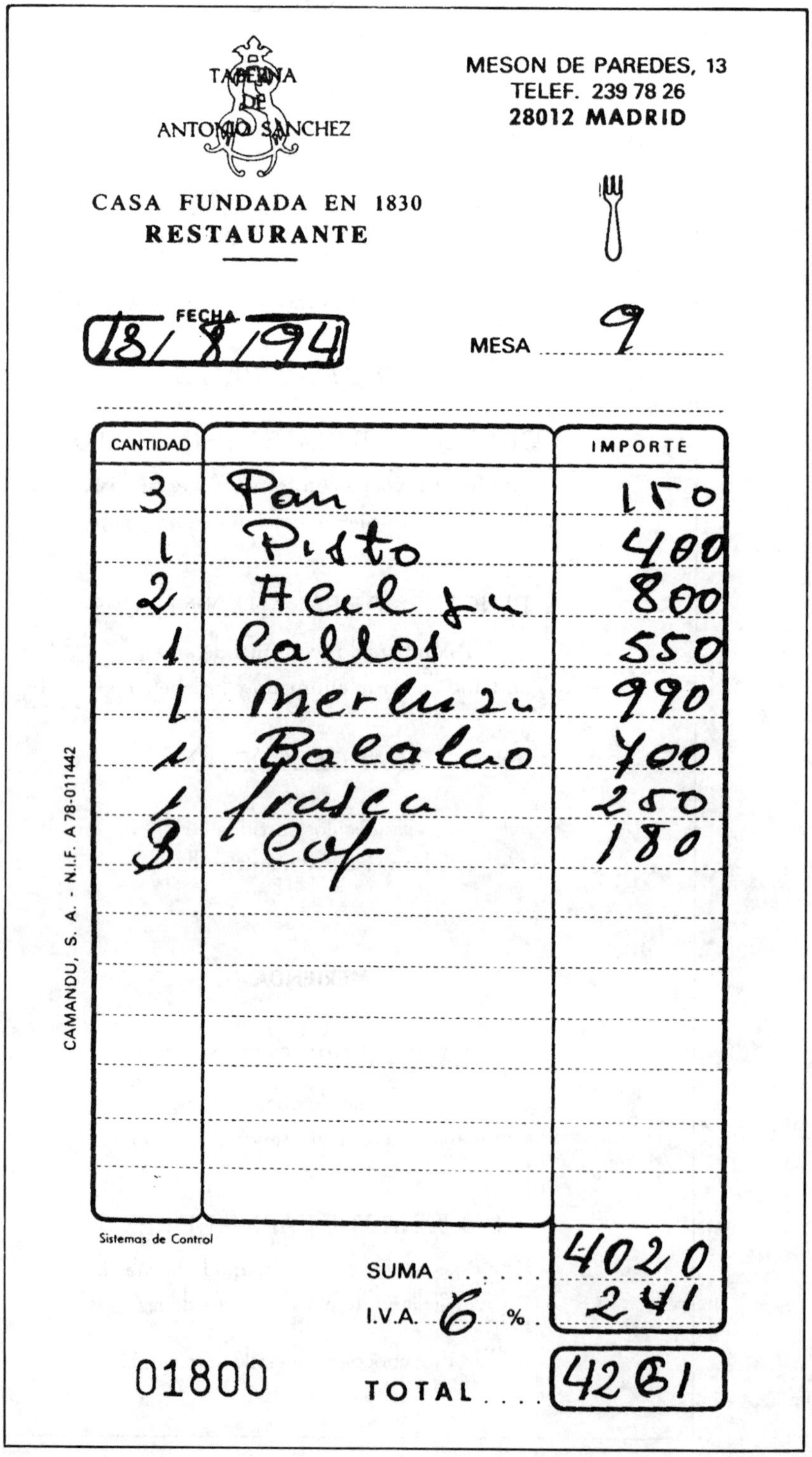
TABERNA DE ANTONIO SANCHEZ

MESON DE PAREDES, 13
TELEF. 239 78 26
28012 MADRID

CASA FUNDADA EN 1830
RESTAURANTE

FECHA 18/8/94

MESA 9

CANTIDAD		IMPORTE
3	Pan	150
1	Pisto	400
2	Acelgas	800
1	Callos	550
1	Merluza	990
1	Bacalao	400
1	Fresa	250
3	Café	180

CAMANDU, S. A. - N.I.F. A 78-011442

Sistemas de Control

SUMA 4020
I.V.A. 6 % ... 241

01800 TOTAL 4261

Nombre ______________________________ Fecha ____________________

CAPÍTULO 16

EL CAMPING

PRIMERA PARTE

VOCABULARIO

Palabras 1

Actividad A Listen and repeat.

Actividad B Listen and choose.

____

____

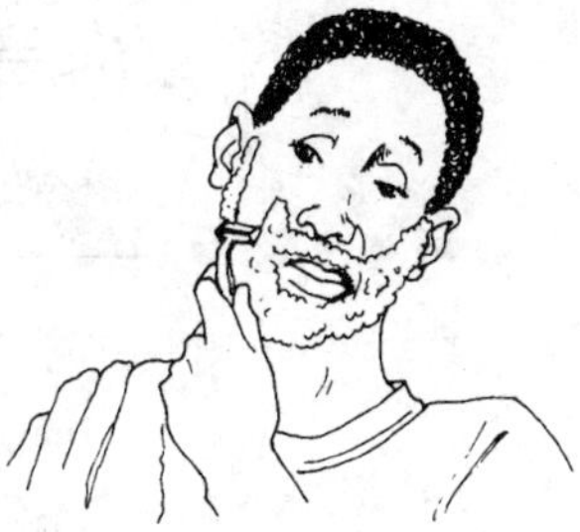

____

____

____

____

____

____

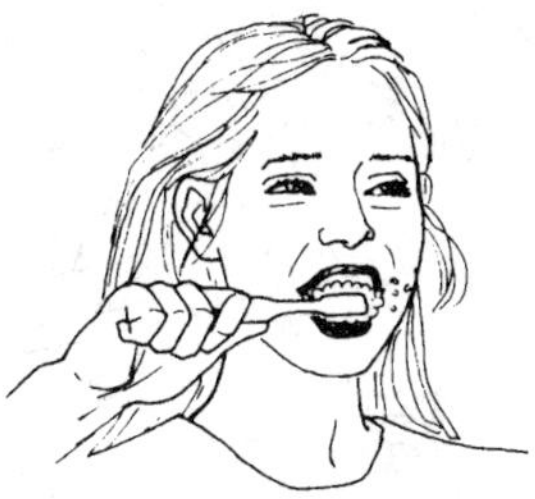

____

Nombre ______________________________ Fecha ____________________

Actividad C Listen and choose.

1. sí no 4. sí no 7. sí no

2. sí no 5. sí no 8. sí no

3. sí no 6. sí no 9. sí no

Palabras 2

Actividad D Listen and repeat.

Actividad E Listen and choose.

____

____

____

____

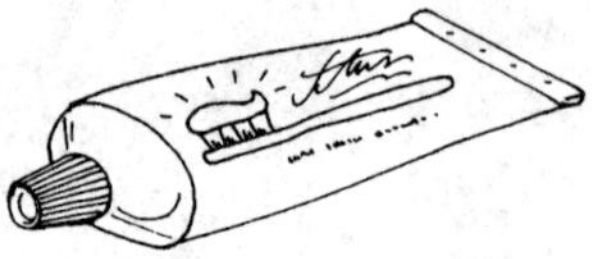

____

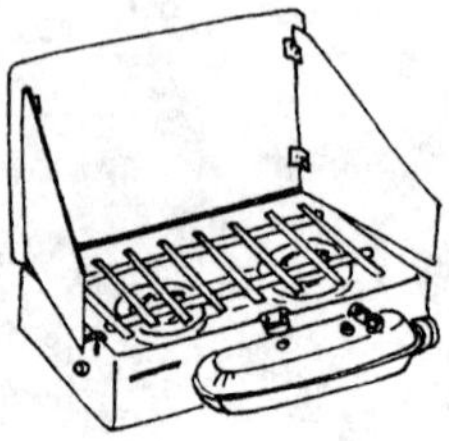

____

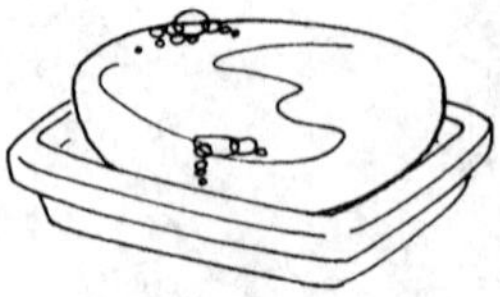

____

____

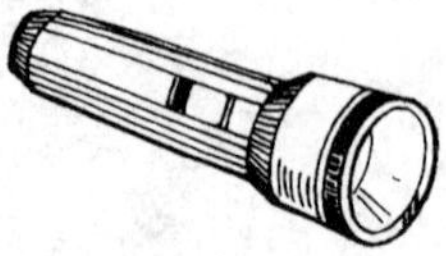

____

Actividad F Listen and choose.

1. a b c	**5.** a b c	**9.** a b c
2. a b c	**6.** a b c	**10.** a b c
3. a b c	**7.** a b c	**11.** a b c
4. a b c	**8.** a b c	

ESTRUCTURA

Actividad A Listen and answer.

Example:	*(You hear)*	¿Qué hace Marta?
	(You see)	lavarse
	(You say)	Marta se lava.
Example:	*(You hear)*	¿Qué hace Marta?
	(You see)	lavar / carro
	(You say)	Marta lava el carro.

1. bañarse
2. desayunarse
3. peinarse
4. despertar / padres
5. lavar / bebé
6. mirar / el lago
7. mirarse / espejo

Actividad B Listen and answer.

Actividad C Listen and answer.

Example:	*(You hear)*	Ellos se divierten mucho.
	(You say)	Nosotros nos divertimos mucho también.

Actividad D Listen and answer.

Example:	*(You hear)*	Ella no se despierta temprano.
	(You say)	Yo no me despierto temprano tampoco.

Actividad E Listen and answer.

Example:	*(You hear)*	Ella se acuesta temprano.
	(You say)	Ella se acostó temprano anoche también.

CONVERSACIÓN

Actividad F Listen.

Actividad G Listen and choose.

1. sí no **2.** sí no **3.** sí no **4.** sí no **5.** sí no

Nombre ______________________________ Fecha ____________________

PRONUNCIACIÓN

Actividad H Pronunciación: *Los diptongos*

The vowels *a, e,* and *o* are considered strong vowels in Spanish; *u* and *i* (and *y*) are weak vowels. When two strong vowels occur together, they are pronounced separately as two syllables. Listen and repeat after the speaker.

When two weak vowels or one weak and one strong vowel occur together, they blend together and are pronounced as one syllable. These are called diphthongs. Listen and repeat after the speaker.

SEGUNDA PARTE

Actividad A Listen and choose.

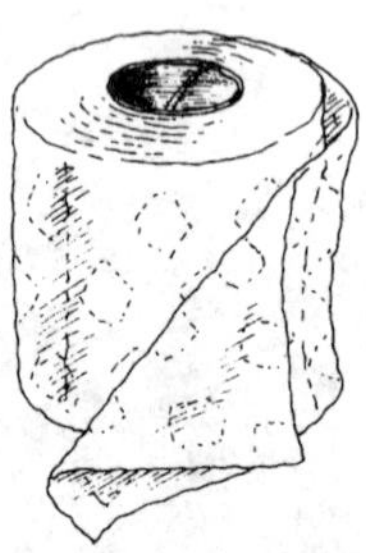

____

____

____

____

____

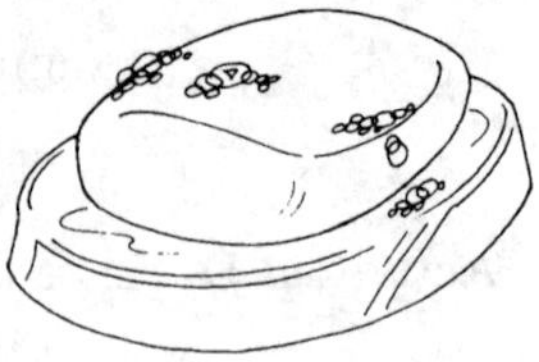

____

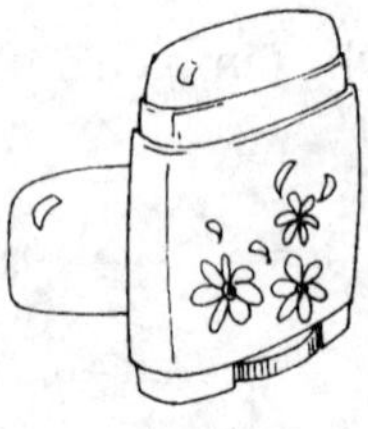

____

____

____

Nombre ______________________ Fecha ______________

Actividad B Look, listen, and answer.

1.29

SHAMPOO PARA EL BEBE

Walgreens. No irrita los ojos. Botella de 16 oz. Cantidad 144 por farmacia, 2 por cliente.
Reg. 2.99

1.99

BEACHCOMBER

Sandalias de goma. Varios tamaños. Ideal para la playa. Cantidad 48 por farmacia, 2 por cliente. Reg. 2.79

3.99

BUFFERIN

Alivia el dolor. Sin aspirina. Envase de 100. Pqte. bono con desodorante Ban GRATIS. Cantidad 72 por farmacia, 2 por cliente. Reg. 4.99 pqte.

1.29

ACEITE PARA BEBE

Walgreens. Botella de 16 oz. Cantidad 160 por farmacia, 2 por cliente. Reg. 2.99

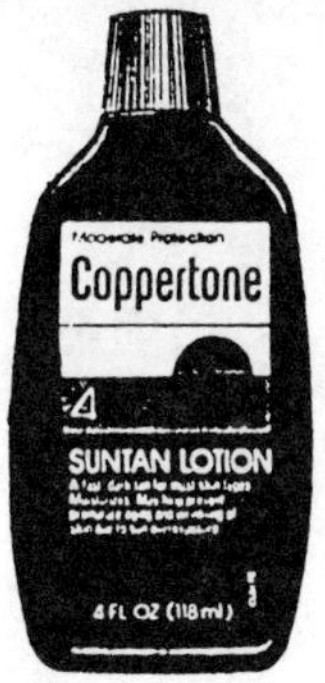

2.69

COPPERTONE

Loción bronceadora. No. SPF4, para protección. De 4 oz. Cantidad 96 por farmacia, 2 por cliente. Reg. 3.99

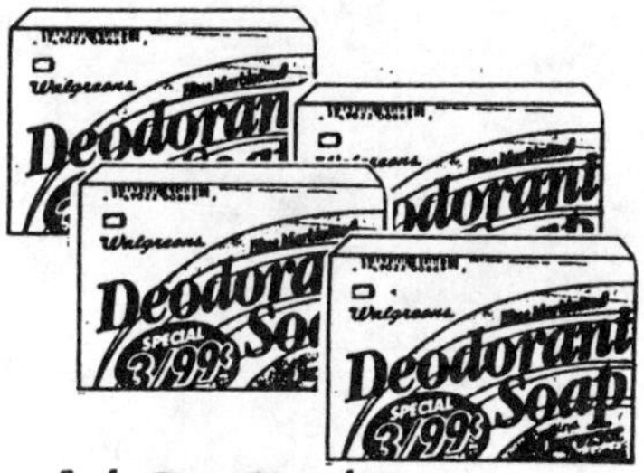

4/99¢

JABON

Walgreens. Gold o Blue Marbleized. Barras de 5 oz. Cantidad 144 por farmacia, 8 por cliente. Reg. 39¢ c/u

1.49

TALCO PARA BEBE

Walgreens. Protege contra irritación del pañal. Envase de 24 oz. Cantidad 48 por farmacia, 2 por cliente. Reg. 2.99

1.49

NO-ASPIRIN

Walgreens. Gotas para niños. Alivia fiebre y dolor. Sabor a fruta. Sin alcohol. Con gotero. Frasco de 1/2 oz. Cantidad 36 por farmacia, 2 por cliente. Reg. 1.99

NOTES

NOTES

NOTES

NOTES